网球技战术教学及体能训练

WANGQIU JI-ZHANSHU JIAOXUE
JI TINENG XUNLIAN

张娜 ◎ 著

吉林大学出版社
·长春·

图书在版编目(CIP)数据

网球技战术教学及体能训练/张娜著.—长春：
吉林大学出版社，2020.8
ISBN 978-7-5692-7068-6

Ⅰ.①网… Ⅱ.①张… Ⅲ.①网球运动－战术训练②
网球运动－体能－运动训练Ⅳ.① G845.2

中国版本图书馆 CIP 数据核字（2020）第 173969 号

书　　名	网球技战术教学及体能训练 WANGQIU JI-ZHANSHU JIAOXUE JI TINENG XUNLIAN
作　　者	张娜 著
策划编辑	黄国彬
责任编辑	卢　婵
责任校对	李潇潇
装帧设计	易出版
出版发行	吉林大学出版社
社　　址	长春市人民大街 4059 号
邮政编码	130021
发行电话	0431-89580028/29/21
网　　址	http://www.jlup.com.cn
电子邮箱	jdcbs@jlu.edu.cn
印　　刷	廊坊市广阳区九洲印刷厂
开　　本	787mm×1092mm　　1/16
印　　张	12.25
字　　数	200 千字
版　　次	2020 年 8 月　第 1 版
印　　次	2020 年 8 月　第 1 次
书　　号	ISBN 978-7-5692-7068-6
定　　价	58.00 元

版权所有　翻印必究

前　言

　　进入 21 世纪之后，网球运动开始在国内普及，我国网球运动的水平也在不断提高。近几年，我国女子网球选手相继在世界各大网球赛事中夺得了冠军，但是与其他发达国家相比，我国的网球运动基础仍然比较薄弱。

　　由于现代竞技体育的不断进步、发展和职业化、商业化进程的推进，体育比赛的密度和强度也在不断增加，网球运动更是职业化和商业化的代表。面对体育比赛高密度、大强度的比赛要求，运动员要具备更加全面的技术、更加超前的意识和更加充沛的体能。这些基本条件有助于运动员在比赛中保持正常的竞技状态，并且防止伤病的发生，从而提高运动成绩。

　　本书共设置了八章，分别对网球的历史与发展、网球的注意事项、网球的训练、技战术、网球礼仪等方面进行了全面的分析。

　　本书将重点放在了网球运动的技战术教学与体能训练的教学方式上，通过对中国网球运动员全国集训和个体化训练的实践，系统地研究了网球运动员的体能训练特点与规律，初步探讨了我国网球运动员体能训练体系，即体能训练理论体系、体能评价体系及体能和肌肉状态的诊断方法等，从而得出了以下结论。

　　（1）初步明确了网球体能训练的核心要素概念。网球体能训练体系是指运动员在完成网球比赛时所需要的专项力量体系，以及其相关素质的综合。

　　（2）初步明确了协调能力的概念。协调能力是网球运动员竞技能力的重要组成部分，它既不隶属于体能也不隶属于技能和心理感知觉能力，是一项独立存在的运动技能。

　　（3）初步构建了网球体能训练的理论体系，这一体系主要包括体能训练的指导思想、任务内容、方法和手段以及周期与负荷的训练安排。其中，指导思想可以激发运动员进行体能训练的兴趣，有助于掌握好身体在敏感期训练的要求、着重进行协调能力和灵敏素质的训练，注意安排好力量训练和对身形的塑造、还要重视对关节养护和有氧训练、掌握最基本的体能训练方法、加强体能态势以及肌肉状态的诊断等。在比赛期间，教练可以采用"靶心式体能训练"，这种训练有周训练、五日训练和三日训练等不同的体能训练模式。

在网球训练中，除了要保持身心健康和基本的战术训练以外，还要了解自己适合的网球装备，本书对于这些方面的知识也做了详细的分析，为网球新手和参与网球训练的选手提供了详细的理论知识。

由于时间仓促，本书在编写的过程中不免有疏漏、不妥之处，敬请各位读者批评指正。

编者
2020 年 4 月

目 录

第一章 网球运动概述 ... 1
第一节 网球运动的起源与发展 ... 1
第二节 网球运动的特点与价值 ... 5
第三节 网球运动场地与装备 ... 8
第四节 国际网球组织与赛事 ... 21

第二章 网球运动的身心健康训练 ... 29
第一节 体适能的概述 ... 29
第二节 网球运动与身体健康 ... 31
第三节 网球运动与心理健康 ... 34
第四节 网球运动营养与饮食 ... 40

第三章 网球运动的基本技术 ... 45
第一节 握拍方法 ... 45
第二节 基本步法 ... 47
第三节 正手击球 ... 49
第四节 反手击球 ... 54
第五节 发球 ... 60
第六节 接发球 ... 65
第七节 挑高球 ... 67
第八节 其他击球技术 ... 69

第四章 网球运动的基本战术 ... 71
第一节 网球运动战术的制定 ... 71
第二节 网球单打战术 ... 72
第三节 网球双打战术 ... 80
第四节 各类打法的影响因素 ... 91

第五章　网球体能训练 ... 94

第一节　网球体能训练构成 ... 94

第二节　网球体能训练阶段 ... 95

第三节　网球协调能力训练 ... 114

第四节　网球快速力量训练 ... 118

第五节　网球核心力量训练 ... 123

第六节　网球灵敏训练 ... 130

第六章　网球运动的安全防护 ... 133

第一节　提高身体素质练习 ... 133

第二节　网球运动注意事项 ... 143

第三节　预防网球运动常见损伤的方法 ... 149

第四节　消除网球运动疲劳的方法 ... 151

第七章　网球运动竞赛 ... 154

第一节　网球运动竞赛裁判法 ... 154

第二节　网球竞赛裁判程序及方法 ... 160

第三节　网球运动竞赛规则与编排 ... 161

第四节　网球运动比赛战略与准则 ... 169

第八章　网球运动礼仪 ... 176

第一节　体育礼仪 ... 176

第二节　体育观赛礼仪 ... 178

第三节　网球比赛礼仪 ... 182

第四节　网球比赛运动员着装 ... 184

参考文献 ... 187

第一章　网球运动概述

第一节　网球运动的起源与发展

网球运动作为一项体育运动，集合了速度、力量、韵律、美感于一体，充分展示了人体运动美的高雅动作。它还是一项大众性的时尚运动，适合于各个年龄段的人群，增强人们体质的同时也丰富了人们的物质生活和精神文化生活。

一、网球运动的起源

网球运动起源于法国，来自12—13世纪法国传教士的一个手掌击球游戏。14世纪中叶，在英国成型并且在上层社会兴盛起来。最初，皇家贵族用一种介于驾驶手套和棒球手套之间的皮质手套击球，后来，手套逐渐演变成了板拍，之后又被木质的球拍所代替。同时，场地中间的绳子改变成了短绳子垂直于地面，当球从绳子下面穿过时很容易被发现。17世纪初绳帘变成了小方格网子，而球拍也变成了穿线的球拍，这时的网球运动已经初步具备了一定的规则。1858年，英国人哈利·梅姆在英国伯明翰一位朋友的草地上建造了一个"网球场"，促进了早期网球游戏的开展。1872年，他又创建了莱明顿网球俱乐部，扩大了网球游戏的影响，促进了网球运动的形成。1873年，美国人沃尔特·克罗姆顿·温菲尔德将早期的网球打法改进，称之为"草地网球"，取代板球成为英国最流行的室外活动。

1875年，全英网球运动俱乐部成立。这个俱乐部建造了世界上的第一个网球场地，并于1877年举办了全英草地网球男子单打锦标赛，即后来闻名于世的温布尔登网球赛。随着网球运动的广泛开展和比赛活动的日益频繁，在网球运动的场地、设备、打法和比赛等方面取得了一致的意见，并形成了一个统一的规则。网球从一项游戏转变成为一项正式的竞技体育项目，从此网球运动开始高速地发展起来。

1881年，世界上出现了第一个全国性的网球协会，即美国全国草地网球协会。1900年，为了推动现代网球运动的发展，美国网球运动员戴维斯捐赠了一只纯银大钵，名为戴维斯杯，之后成为国际网坛声望最高的男子团体锦标赛永久性的流动奖杯。每年的冠军队和队员的名字都被刻在奖杯上。1904年，澳大利亚草地网球协会成立,并于1905年开始主办澳大利亚锦标赛。世界闻名的"大满贯"网球锦标赛包含法国网球锦标赛、英国温布尔登网球锦标赛、美国网球锦标赛和澳大利亚网球锦标赛。任何一名选手或一组双打选手在同一赛季中,赢得这4个锦标赛的冠军时,便获得"大满贯"优胜者的荣誉。

1927年,为了使球速加快,英国首创无缝网球。20世纪40—60年代,网球趋向职业化。20世纪70年代,国际男子职业网球选手协会、国际女子网球协会等专业性组织的相继成立,使得网球又得到了进一步的发展,网球运动在世界各地得到了广泛的开展。

19世纪后期,网球运动传入中国。19世纪30年代是中国网球的鼎盛时期,涌现了一批优秀的网球高手。20世纪80年代以来,我国网球运动水平得到了大幅度的提高。2004年,中国网球运动接连翻开了崭新的篇章。2006年,郑洁、晏紫同时获得澳大利亚网球公开赛和温布尔登网球公开赛两个大满贯女双冠军,捧上了中国人梦寐以求的大满贯奖杯。2011年,法国网球公开赛女单决赛赛场上,李娜战胜上届冠军斯齐亚沃尼,夺得亚洲人的第一个网球大满贯冠军。

二、网球运动的发展

(一)世界网球运动的发展

当今世界各大网球赛事激烈地开展,如英国温布尔登锦标赛、法国网球公开赛、美国网球公开赛和澳大利亚网球公开赛四大赛事。四大网球公开赛是每年一届的最为重要的世界性单项比赛,世界各地的网球选手均视获得这四大比赛桂冠为最高荣誉,而各大赛事的奖金也越来越丰厚,吸引了越来越多的网球选手参加,职业网坛蓬勃发展。未来网球运动的发展趋势有以下几点。

1. 技术向精细、全面方向发展

赛事频繁、对抗日益激烈,使得运动员们在比赛中的攻防矛盾经常转换,主动与被动经常交替。为了适应这种制约与反制约的需要,运动员必须力求技术全面。在各项高水平比赛中,网球选手们的各项网球技术运用得都很全面,技术向精细化发展成为网球技术发展的一个大趋势。随着球体的增大,击球的回合不断增加,运动员更多地通过提早击球、运用精确的落点和极佳的球速占得先机。

2. 底线型打法将是未来网坛的主流

观看网球比赛的很大一部分乐趣来自观赏不同风格、不同打法类型选手之间的碰撞。网球打法的类型可以分为上网型、全能型和底线型三种，其中底线型打法占据了当今网坛的主导地位，其主要原因有：①比赛场地使底线型打法得到空前的发展。为了适应不同的场地，在全年频繁的赛事中去赢得更多比赛，获得较高的ATP/WTA（世界巡回赛/国际女子职业网联）排名，运动员往往倾向于选择一种相对稳定可靠的打法去取得更多的好成绩。采用底线型打法能很好地做到这一点，运动员不仅可使自己在擅长的中速和慢速场地上力保不败，还能够在快速场地上获胜。②技术的变革促进了底线型打法的发展。发球上网型打法是以强有力的发球致使对手回球质量差，从而形成网前有利的攻势。而今，运动员的各方面技术都得到了长足的进步，尤以接发球技术最为突出，他们可以把速度为每小时200多公里的来球接到对方场地的任何一个角落，不仅给对手上网增加了难度，而且经常直接得分。③上网型打法的不稳定性是阻碍其发球的主要原因。④球体的增大，相对地减慢了球速，增加了击球的回合，有利于底线型打法的发展。

3. 力量型选手与技术型选手共同发展

网球技术是决定比赛胜负的关键所在，拥有全面的技术会使选手在比赛中占得先机。而一般选手都有一些弱点，很多选手利用力量弥补自己的不足，许多力量大的选手球速越来越快，使得对手疲于奔命。

4. 快速灵活的步法是获胜的重要保障

快速灵活的步法一方面可使运动员及时、准确地找到最佳击球点，提高回球的质量；另一方面还能救起许多令对手认为是制胜球的来球，从而在技术、心理上不断给对手增加压力。底线型打法对运动员的体能提出了更高的要求，即体能一定要跟上网坛发展的需要。体能好的运动员普遍都能获得较好的成绩。

5. 良好的心理素质是取胜的关键

各国教练员采用各种手段将运动员的潜能挖掘出来，使得世界高水平运动员在身体、技战术等方面都相差不多。运动员水平越接近，在比赛中出现关键比分的机会越多,比赛的胜负往往在一两球之间。这时运动员的心理因素对技战术的影响更大。心理素质越好的选手,捕捉机会的能力就越强,越容易赢得比赛。

(二) 我国网球运动的发展

1. 提高我国网球运动竞技水平的对策

打破现有的发展模式才能促进网球运动的发展。从战略思想的高度,紧紧围绕网球运动自身发展的规律,结合我国现状,认真研究项目发展的对策,是我们进一步发展网球运动的关键。人才、竞争环境、教学水平是反映网球发展的三大要素,其中人才是主导。我国网球队伍和网球人口比例相当薄弱。总结其根源,普及不够和一直处于狭窄模式的发展状况是关键所在。因此,如何拓宽网球运动优秀后备人才的培养途径已成为我国网球运动发展的新课题。

2. 加速竞赛制度的改革

(1) 学习、掌握国际排名记分办法。1990年开始,网球的电脑排名采用的是52周内14项最佳的比赛体系,每名运动员每次比赛所获得分数和击败比自己排名高的选手的奖励分之和,累计总分之中,决定其排名的变化。这种办法一是鼓励运动员参加比赛,二是鼓励运动员向比自己水平高的选手发起冲击。为适应这种竞赛办法,一个优秀的网球运动员每年至少要参加50场左右的比赛,而国际上每年的网球赛事多达800多场,几乎每周在世界各地都有同等级别或不同级别的比赛供各类运动员选择。研究掌握国际排名记分办法,针对自身水平合理选择国际比赛,是我国运动员走向世界的第一步。

(2) 改革我国现有的竞赛办法。与国际上繁多的网球赛事相比,受经费等因素影响,我国目前每年成年男、女各7项比赛,比赛结果也有排名序列之分。但与国际比赛排名尚未接轨,采取的是双轨制。尽管这也是许多网球发展中国家采用的办法,但最终我们还是要取消国内排名。其办法是在国内举办各类级别的国际比赛,使国内赛事完全与国际赛事接轨。

第二节 网球运动的特点与价值

一、网球运动的特点

（一）比赛受自然环境的影响

网球场馆大多建在露天的环境下，因此天气等自然环境的变化对网球运动的影响非常大。网球四大满贯的比赛也经常因为天气原因推迟，尤其是比赛场地是红土场的法国网球公开赛，经常因为下雨而推迟比赛。比赛中球员因为天气原因影响状态，甚至造成比赛大逆转的状况也时有出现。

（二）网球运动受场地器材的限制

与其他运动项目相比，网球场的建造成本较高，相应地，体育消费也很高。虽然近几年我国人民的物质水平已经大幅度提高，网球场馆的数量相较之前也大大增加，但是仍不能满足广大网球爱好者的需求。

（三）比赛时间长、跑动量大

在网球运动中，无论是平时的娱乐还是正式的比赛，只要双方的实力接近，要想决出胜负，都需要很长的时间。四大满贯的比赛为男子5盘3胜、女子3盘2胜。一场比赛的时间约在3～5个小时，大满贯赛事中，常因为一场比赛的时间太长而终止，第二天比赛继续进行。网球比赛的跑动量非常大，据统计，女子单打实力相当的高水平比赛可达到5000米，男子打满5盘可达到6000米以上。随着快速场地的使用和网球技战术的发展，比赛的跑动量有减少的趋势，但跑动的强度在增加，前后快速跑动、跨扑、跳跃动作在增加。

（四）职业比赛具有可观赏性

随着网球比赛赛制和赛程的日益规范、完善，职业网球比赛越来越多，网球运动员的技术水平越来越高，网球比赛的精彩程度也随之提高，网球比赛的观赏性有了很大提高，热爱网球比赛的观众也日益增多。另外，电视转播技术的提高也使网球比赛吸引了更多的爱好者。

（五）对运动员的心理品质要求高

在网球比赛中，除了团体比赛中交换场地时教练可以进场指导外，其他任何时候的单项比赛都不允许教练指导，网球运动员每次击球都是在重重的压力下完成的，这就要求网球运动员具有良好的心理品质。优秀的网球运动员的心理特征表现为对完成所建立的训练及比赛目标有很强的责任感和坚定性，对自己的实力充满信心，有强烈的竞争意识，有克服种种困难的非凡勇气，情绪稳定，在大赛中不畏强手，敢于拼搏等。

（六）适应大众的健康生活方式

网球运动是一项老少皆宜的体育运动项目。网球运动参与者可根据自己的能力来确定打法，控制球的速度与旋转，因此对于参加者的体能要求并不太高，并且运动量可以得到有效的控制，所以网球运动可以使不同水平、不同年龄段的参与者都能体会到这项体育运动的乐趣。随着人们生活水平的提高，人们对生活质量的要求也越来越高，网球人口也在迅速增长，人们已经把网球运动作为一种休闲娱乐方式、一种健康的生活方式。

二、网球运动的价值

（一）健身价值

网球运动是典型的以有氧为主、无氧为辅的运动项目。经常参加网球运动能使身体各部分器官、系统的功能以及各种身体素质和身体活动能力得到均衡发展，使体质不断增强。尤其对促进人体骨骼、肌肉、内脏器官、神经系统的正常发育及形成正确的身体姿态有良好效果。

经常参加网球运动，能使人的心血管系统的结构和机能得到改善，心肌变得发达、有力，心容量加大，每搏输出量增多，经常锻炼可使血管壁弹性增强，这对中老年人十分有益。还能使呼吸肌得到锻炼，胸部发达，肺活量增加。所以，经常参加网球运动可以提高人的心血管系统的能力，防止高血压、高血脂等疾病。在网球运动中，球在空中飞行的速度是很快的，这要求运动员对来球的方向、速度、落点等进行全面观察，迅速做出判断，并及时采取对策，迅速移动步法，调整击球位置与拍面角度进行挥拍击球。这些复杂的变化要求运动员在打球时注意力集中、反应快，神经系统要处于良好的兴奋状态。因此，经常参加网球运动，还能有效提高中枢神经系统的反应能力，使人头脑灵活。

经常参加网球运动，能有效地提高练习者的柔韧、协调、灵敏、力量、有氧耐力等身体素质。网球运动的技术要求高，必须手、脚、脑并用，经常打网球可以增强人的灵活性，提高人的反应速度，使人年轻、有朝气、有精力，防止老年痴呆。参加网球运动还能使肌肉发达、结实、健壮，骨骼变得粗壮坚固；关节更加灵活稳固，掌握的动作越多，各种肌肉、关节发展越协调；人体的反应更快，四肢灵活、柔韧，人体更健美。

此外，经常参加网球运动，还能提高人体各系统的机能，从而提高预防疾病的能力。它能使血液中的胆固醇溶解纤维蛋白质增多，有助于溶解血块，减少和消除动脉硬化所引起的病症，避免病理衰老的发生，使人健康长寿。

（二）健心价值

1. 增强思维能力

网球是有思维活动参与的一种运动。网球运动中的技术、技能的掌握过程是人的智力和体力活动相结合的过程，它不仅需要逻辑思维能力，而且需要运动思维能力，包括动作思维、战术思维等。

在网球运动中，锻炼者的思维以操作思维为主，其操作活动不是思考好了再做，而是一边做一边思考。动作的准确性、时间要求、顺序性、身体协调性等时空因素十分重要。因此，运动中的思维有别于人们一般概念中的逻辑思维。直觉思维也经常在网球运动中发挥作用。在网球运动中，人们的决策往往不是完全依据准确的知觉和严密的思维做出的，要不停地、快速地做出判断和预测，如球的落点方向、对手的意图、与同伴的配合等，都需要依靠直觉思维来完成。

2. 娱悦身心

由于网球运动的技术千变万化，所以使其具有很高的观赏性，令人心旷神怡、流连忘返。球员在比赛的过程中，以自己的能力、才智、战术、风格再造美、表现美的同时，能使观众欣赏到他们精湛的技术和顽强的精神，从中受到情感的陶冶。网球运动不仅能供人娱乐观赏，而且当自己亲身参加活动时，还有直接体验娱乐欢快的价值。作为一种娱乐运动，网球参与者在球的对击过程中，通过不停地移动和身体姿势的变化，努力把球击到对方的场地，每位出球者在击出一个好球或赢得一个球时都能使自己兴奋并有一种成功的喜悦。

3. 发展想象能力

经常参加网球运动可以培养丰富的想象力。从事网球运动，需要在熟练掌握运动技巧的基础之上发挥想象力，能根据复杂多变的场上情况，采用随机应变、多种变换的技、战术，达到战胜对手的目的。经过长期训练，有助于发展锻炼者的想象力。

4. 培养情操和品质

网球运动可以有效地提高个人道德、集体荣誉感，还可以增强行为规范和遵守纪律的意识以及弘扬团结友爱、相互配合、相互帮助的集体主义精神。

在网球运动的过程中，人们需要付出一定的意志努力，包括需要自觉地克服客观上的困难（如动作的难度、外部的障碍、外界的影响等）和主观上的困难（如完成动作时的胆怯、畏惧、困惑的心理，身体的疲乏、酸痛等）。因此，在网球运动中经过努力，越能克服巨大的主客观方面的困难，就越能说明意志的努力程度高，也就越能培养坚强的意志品质。

5. 发展个性

个性是指个体在其生理素质和个性心理特征的基础上，在一定的社会历史条件下，通过社会生活的实践锻炼与陶冶，逐步形成的观念、态度、习惯与行为。它是一个人比较稳定的生理、心理素质和社会行为特征的总和。网球运动在促进个性的形成和发展中起着积极的影响，它不仅影响人体的生理条件，还能影响心理属性，促进身心的健康发展，同时还作为社会教育的手段来促进个性的形成和发展。

网球运动对发展人的个性有着重大的影响，这是因为进行网球运动需要较强的自发性和经常性。人们可以在运动中获得不可缺少的体力、技能、灵敏、机智、勇敢、果断、聪明等品质，从中得到个性的锻炼。对于青少年来说，参加网球运动并使其成为生活的一部分，对促进他们的体力和技能是十分明显的，因此带来的成功感和满足感，以及来自伙伴的赞誉和肯定，更能促进他们个性的形成和发展。

第三节　网球运动场地与装备

一、网球场地的分类

根据修建材料的不同，使得场地具有不同的性能，每一种面层材料的网球场，对球员跑动时脚下的感觉，以及网球的弹跳、球速产生着不同的影响。球员在不同性能的网球场地打球时，要随时调整自己的击球速度和步伐，以便发挥出自己的最高水平。根据影响球的反弹程度的不同，网球场地大致可分为慢速球场（黏土、其他土质球场等）、中速球场（粗糙的人工合成材料、油漆地板等）和快速球场（草地、光滑的人工合成材料、硬木地板等）（图1-3-1）。球场越硬，尤其是越光滑的球场表面对球的反弹影响越小，反之就越大。

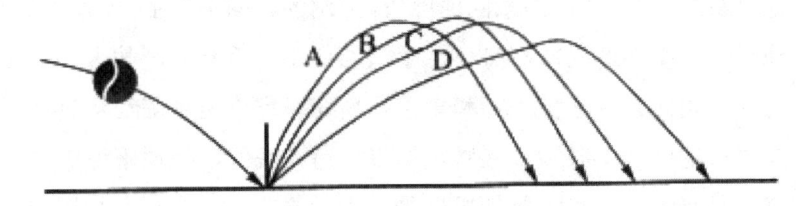

A：黏土、人工合成材料　B：水泥　C：草地　D：硬地板

图1-3-1　不同场地反弹程度

下面介绍几种不同面层材料的网球场地的性能。

(一) 草地网球场

草地球场是历史最悠久、最具传统意味的一种场地（图1-3-2）。其特点是球落地时与地面的摩擦小，球的反弹速度快，对球员的反应、灵敏、速度和技巧等要求非常高。因此，草地往往被看成是"攻势网球"的天下，发球上网、随球上网等各种上网强攻战术几乎被视为在草地网球场上的制胜法宝，底线型选手则在草地网球场上难有成就。但是，由于草地球场对草的特质、规格要求极高，而且气候的限制以及保养与维护费用昂贵，所以很难被推广到世界各地。

图1-3-2　草地网球场

草地的摩擦是最小的，弹跳是最低的（硬地的3/4）。球落地后，有明显的打滑现象，使球员准备击球的时间大为减少。草地的覆盖物本身就不均匀，随着比赛的进行，黑麦草脱落的地方露出草根和地皮，此处的摩擦就会增大。此外，地基也凹凸不平。所以，草地上球的反弹很不规则，这就要求一方面球员要熟悉草地性能，有很好的预判性和随机应变的能力；另一方面，球员要尽量多地用削球和截击。草地上的削球比起其他场地有更大的威胁，但在草地上截击并不是容易的事。因为球的来回速度快，上网的时间不充裕，即使上到网前，面对比其他场地快得多的回球，身体、手法的调整也很仓促，截击的把握并不是很高（与地毯相比），连拉夫特和桑普拉斯在草场比赛时都经常有不可思议的失误。但在草地比赛又必须多上网，如果停留在底线，处理落地的反弹球难度更大。草地最有利的一点，是把发球的威力无限放大。在这里，同样是时速180km的发球，接发球一方面对的困难要大很多，球经草地的摩擦速度损失很小，同时弹起高度还低，留给接球者的反应空间实在很小。底线型选手也不是没得打，但只有那些身材适中、反应灵敏、接发球预判过人的球员，才能利用来球的力量，借力发力，同时辅以快速地奔跑创造穿越机会，方可成功。

（二）硬地网球场

现代大部分的比赛都是在硬地网球球场上进行的，网球场一般由水泥和沥青铺垫而成（图1-3-3），其上涂有红、绿颜色的塑胶面层，表面平整、硬度高，球在地面的弹跳非常有规律，但球的反弹速度较快。许多优秀的网球选手认为，硬地网球更具有"爆发力"，而且网球比赛中硬地球场占主导地位。需注意的是硬地不如其他质地的场地弹性好，地表的反作用强而僵硬，所以容易对球员造成伤害。硬地是相对软场地（土场）来说的，但它自身种类繁多，现在用于正式比赛的主要是丙烯酸酯塑胶面层的场地。这种面层的网球场，近年来已开始在世界各地普遍使用，是一种既可供娱乐打球，也可用作正规比赛的高档次网球场地。网球大师杯赛、美国网球公开赛、澳大利亚网球公开赛、加拿大网球公开赛、中国网球公开赛、上海ATP1000大师赛等世界网球大赛所使用的网球场，就是这种丙烯酸酯塑胶网球场。

图 1-3-3　硬地网球场

（三）黏土网球场

最有代表性的黏土网球场是红土网球场（图 1-3-4），红土球场会使球速降低，这样就令许多发球"大炮"和上网型的球员发挥受限，桑普拉斯就是最明显的一例，四大满贯比赛中，他唯独没有拿过法网桂冠。法网比赛也常常爆冷，成就了后来享负盛名的网球明星，张德培和库尔滕就是最好的例子。对于典型的底线型选手休伊特而言，红土场地也不是他的福地。因为无论是快速地移动，还是优秀的底线技术，都还不足以令他在球速运行缓慢的红土球场获得胜利，尤其是在法网这样的大满贯赛事中。由于红土场地太软，不管休伊特多么用力地挥拍，速度都会被红土地消化掉。没有了速度上的优势，休伊特便失去了取胜的最佳利器。

因为红土场的高摩擦力，上旋球能发挥最大的作用，纳达尔是最明显的一例。强壮的肌肉、独特的拉上旋的挥拍方式，让他的回球在落地后经常能蹦过对手人头，让对手很难回出高质量的球。纳达尔的 9 个法网冠军中，81 场红土连胜，上旋的打法功不可没。

从广义来讲，红土球场还包括沙土场地和用类似材料做成的场地以及合成场地，通常也叫软性场地。土地网球场的结构应该是有一层经过压实的白灰土做防潮底层，中间有一层较厚的炉渣吸水层，上面是一层不少于 20cm 的、筛出石块与杂物的优质黏土层，碾压平整之后，铺上一层干净的细沙，也有撒上一层红土的面层。红土球场较之其他面层的球场，球的速度稍慢，很适合底线型打法的球员发挥技术水平，细沙面层的性能令球员在跑动中有滑动的缓冲机

—11—

会。土地球场在修建时，取材方便、经济实惠，制作方法相对来讲比较简单，但是要达到可供比赛使用的平整度，需要专门的技术。场地需要专人负责养护，每天均需洒水保湿，拉平面沙，雨后还需压实整理，及时除草，否则很难保持场地的平整度和使用效果。

图 1-3-4　红土网球场

（四）地毯网球场

地毯网球场多用于室内赛季的主要球场，如巴黎大师杯，20世纪90年代在德国的年终总决赛。地毯场是一种"便携式"可卷起的网球场，其表面是塑胶面层、尼龙编织面层等，一般用专门的胶水粘接于具有一定强度和硬度的沥青、水泥、混凝土底基的地面上即可，有的甚至可以直接铺展或粘于任何有支持力的地面上，其铺卷方便、适于运输且有非常强的适应性，室内、室外甚至屋顶都可采用。球的速度需视场地表面的平整度及地毯表面的粗糙程度而定。在保养上此种场地也是非常简单的，只要保持地面清洁，不破损、不积水（但要与相应的排水设施配套）就可以了。地毯性能均匀，球在上面的弹跳是规则的。地毯还有很大的摩擦力，球速会比硬地表面慢，但球在上面弹跳低，因此，对发球好的人，尤其是发球落点刁钻的球员更具优势。同时，球的弹跳低，在击出穿越球时，必须从下向上发力，这对于过网急坠是不利的，而且球速略慢，上网者有充足的时间来到网前选位移位，此时网前截击的成功率最高。底线型选手在这种场地也能有很好的发挥，但一般红土选手是不适合的。

（五）人造草网球场

人造草网球场是天然草场的仿效物，其结构有点像地毯，只不过底层是尼龙编织物，其上栽植的是束状尼龙短纤维，为保持纤维的直立，纤维之间以细沙为填充物（图1-3-5）。这种场地需要平整、坚固的基底，附设有良好的排水结构，并且，因其白色界线是与周围场地直接拼编在一起的，所以免去了许多诸如画线等维护上的麻烦，也使其成了全天候场地的一种，维护者只需经常梳平、整理并适时增添其间的细沙就可以了。

图1-3-5 人造草地网球场

（六）卷材塑胶面层网球场

这是一种铺在任何一种平整坚实地面的材料，可固定也可临时粘接，可装可拆的卷材。这种卷材是在工厂加工成成品后，再搬运到所要铺设的场地。其结构是一层橡胶衬底、一层纤维、一层塑胶涂层组合而成，每条宽度为5m左右，便于卷起来分块运输。这种卷材面层的最大优点是可以易地使用，与其配套使用的网球柱、球网也是按组合式设计的。北京奥体中心网球馆、首都体育馆、上海体育馆等都曾铺设过这种场地，并举行过国际网球大奖赛巡回站的比赛和国际网球友谊赛以及世界网球明星表演赛等国际、国内的各种大赛。

（七）聚氨酯塑胶面层网球场

聚氨酯塑胶也称聚氨酯橡胶，这种材质多用于大型田径跑道上，也有用于网球场地面层的，是一种现场浇铺、刮板制作的材质，有分色一次性铺成做法和先铺底胶再做含沙喷涂的两层做法。（图1-3-6）这种材质合成后，由于具有一定的韧性，很适合铺在屋顶上和具有裂纹的基础地面上，而且具有一定的防水特点。这种面层材料如果达不到一定硬度就会具备弹性，会形成网球垂直落地或球员提拉上旋落地后弹跳过高。球员的运动鞋底与胶面具有相同性质，跑动中会有发涩的感觉，削球落地有滞球的感觉。

图 1-3-6　聚氨酯塑胶面层网球场

（八）拼块网球场

拼块网球场是由一种网格式的高强度塑胶板构成，每块板约 1 000cm^2，以子母扣形式连接，三四个人工半天就可拼一块网球场。拼块网球场具有拆装方便、可以易地使用的特点。很少需要人工护理，适用于屋顶平台及有裂缝的地面，雨停就可上场使用。近年来也被一些宾馆或娱乐场所采用。

二、网球场地的维护

（一）草地网球场的日常维护与保养

草地网球场是历史最悠久、最具传统意义的一种场地。由于其对草的特质、规格要求极高，而适宜的草籽又不具备良好的适应性，而且气候的限制以及其需要极周到、细致的保养与维护，费用昂贵，所以此种球场（特别是对用作正规比赛的草地网球场）很难被推广到世界各地。它们必须具备良好的排水系统和标准草地球场的横切面，其上层是 7.5cm 厚的精挑土壤和 15cm 高的畅通层，下面的两层面则是由石碟层分开的非组织结构渗透层，而底土层上面是 44cm 宽的排水道。球场的周围是由细长耐用的条板、混凝土壁和墙角所建造。目前几个草地职业网球赛事几乎都是在英伦三岛上举行，且时间集中在六七月份。温布尔顿网球锦标赛是其中最古老也最负盛名的一项草地网球赛事。

（二）硬地网球场的日常维护与保养

硬地网球场一般是指塑胶球场，它具有优良的耐磨、防滑等性能，其使用须注意一些注意事项和维护保养方法。

1. 使用注意事项

（1）塑胶网球场地适合普通运动鞋、训练鞋、橡胶帆布鞋或软橡胶鞋。

（2）禁止使用钉子鞋、高跟鞋踩踏，禁止尖锐物体接触地面。

（3）禁止一切车辆行驶，塑胶网球场上避免机械剧烈冲击和摩擦。

（4）禁止吸烟，乱投烟蒂、口香糖或含糖饮料。

（5）避免接触有机溶剂、化学物品。

（6）网球场地边缘应加以保护，不得任意剥动，如发现损坏应及时修补。

2. 维护保养方法

（1）保持场地清洁，可以用胶皮水管接水冲洗，粘上油污可用10%的氨水或洗涤剂擦洗干净。胶皮水管在使用时应根据场地离水源的距离，准备出比较富余的长度，以备冲刷场地时使用方便。

（2）打扫网球场地的扫把一般采用天然草竹扫把，最好不要使用市场上常见的尼龙丝类的扫把，因为这种扫把会经常掉毛，而尼龙丝类的纤维物落在场地上，会使人滑倒，且难以清理干净。

（3）每片场地应该至少准备一个垃圾箱，以备球员、观众扔矿泉水瓶、球筒、水果皮等杂物。

（4）雨雪天气后用推水器推扫塑胶场地上的积水。

（三）红土网球场的日常维护与保养

（1）每次打球后都要对球场进行维护和平整。

（2）雨天后需要用专用红土球场工具对场地进行平整、滚压，最好每天都有人维护，每天傍晚或早晨用水喷洒场地，使场地保持一定的湿度。

（3）红土球场的结构有四层：红土层、黏土层、沙石层和排水层，需经常维护。在北方，冬天室外不能使用，易冻土。

（4）场地最好不要日晒雨淋，不打球时要用专门的塑胶层盖着，场地干了要喷水，太湿了要排湿，每块红土场地需要配备一套排水系统，盖红土的雨布须量身定制。

（5）进场地要穿专用的红土鞋，因为一般的鞋子纹路会带走红土。如果刮风下雨使红土流失，还需要补给。

二、网球装备

（一）网球拍

网球拍（图1-3-7）作为网球运动的器材之一，是长柄的椭圆形框子，由拍头、拍颈、拍柄三部分组成，在使用时还需要配合网球线、避震器、吸汗带等配件。球拍的击球面必须是平的，由弦线上下交替编织或连接组成，其组成格式应完全一致。每条弦线必须与拍框连接，特别是穿线后其中心密度不能小于其他任何区域密度。拍框、拍柄和弦线不应有附属物或突起物，不应有任何可使运动员实质上改变其球拍形状的设备。

图1-3-7 网球拍

1. 网球拍参数

随着制造工艺的不断提高，用于制造网球拍的材料也在不断地改进，从而改善了网球技术。网球拍有很多参数，如拍面、拍长、拍弦、球拍重量、球拍硬度、材质等。参数不同，网球拍所表现出来的性能也不同，为不同类型的运动员或爱好者提供了参考依据。

（1）拍面。按照拍面面积的尺寸，我们一般将球拍分为5种，即超小型、小型、中型、大型、超大型拍面。网球拍面不同，特点也不同。拍面越小，控制能力越好；拍面越大，力量相对越大，击打能力越好。小型拍面的挥动灵活，击球力量集中，适合力量较大、动作稳定的中高级业余球手；中型拍面容易控制球，打底线时球感较好，适合力量中等、动作较稳定的中高级业余球手；大拍面适合力量较弱、动作不稳的初中级业余球手；超大拍面适合力量弱的女士和中老年初级业余球手。

（2）长度和硬度

球拍的长度一般有4种，即儿童拍、标准长度、加长、超长。球拍越长，击打能力就越好。

按照硬度指数，我们一般将球拍分为4种硬度级别，即超软、软、较硬、硬。球拍的硬度指数越高，击球时球拍弯曲幅度越小，打出的球力量越大，对击球方向的控制能力越强。因此，低硬度的球拍比较适合力量大的职业选手及高水平的业余选手，而高硬度的球拍比较适合力量偏小的女性和低水平的业余爱好者。

（3）拍弦

拍弦的材料主要有天然肠弦和人造复合弦两种。天然肠弦一般由猪、牛、羊等动物的小肠做成，其特点是控制性、反弹性和击球感觉等都较好，拉力不易下降，是大多数职业球员的选择；不足之处是价格昂贵，耐磨性差，怕热，容易受潮变质，收缩性不好，不适宜寒凉的天气使用。人造复合弦是由不同的纤维丝结构组成，一般也称为"尼龙弦"。随着拍弦的制造工艺越来越精良，其性能上更加接近于"羊肠弦"，其优点是不易受潮，价格偏低，使用寿命较长，是大多数网球爱好者的选择。

拍弦的型号指拍弦的横截面的直径，表示拍弦的粗细程度。按照拍弦粗细可以分为4种型号，即15号、16号、17号、18号。每一种型号表示一种拍弦的直径，型号数字越大，拍弦越细，重量越轻。有时候，拍弦上还有附加符号"L"，如15L、16L、17L。其中以16L为例，它表示这根弦比16号弦细，比17号弦粗，介于16号和17号之间，也可认作是16号半弦。

在拍弦的性能方面，一般来说，同一种材料，同一种结构，同一种拉力，细弦球感较好，但是不耐用且易断；粗弦虽然耐磨，但击球时，球的飞行距离较短，击球的感觉较迟钝。因此，细弦适合打旋转球、发球上网或者力量不强的球员使用，粗弦适合打底线落地球的球员使用。

（4）材质和重量。球拍的质地有木质、铝质、玻璃纤维、碳纤维、钛合金等。以碳纤维为主的复合材料比较适合大多数网球爱好者，加入金属或纤维物质可以增加球拍的硬度，增强其稳定性和力量性。

球拍的重量分为L轻型拍、LM中轻型拍、M中型拍、T型重型拍。较重的球拍，球员挥拍的动作会迟缓，但击球力量会更好；较轻的球拍，球员的控制能力会很好，挥打时灵活轻便，但是在回击硬球时，容易翻拍。因此，根据球手力量的大小，选择适合自身的球拍。女性、中老年人适合260g以下重量的球拍；初中级球手适合260～300g量的球拍；中高级球手适合300～320g重量的球拍；高级球手适合320g以上重量的球拍。

2. 网球拍的保养

（1）摔拍、砸拍、打沾湿的重球、在雨天打球都是不允许的。

（2）应保持球拍的干燥。

（3）养成把球拍装入拍套中的好习惯。

（4）注意季节性，避免将球拍放置在过冷、过热的地方。

（5）若拍弦断了仍继续打球，容易对拍框的内部造成严重的损伤，应立即更换新的拍弦。

（6）在球拍拍框的外沿粘贴拍框保护带，可有效防止场地对拍框的磨损，保护球拍免于擦伤。

（7）确保球拍和拍弦的性能始终处于最佳状态。要及时更换拍弦，冬季拍弦的磅数要比往常略小一些。

（二）网球

网球为橡胶化合物，有白色、黄色两种，外表毛质均匀，接缝处没有缝线。网球的直径为6.35～6.67cm，网球的重量要介于56.7g和58.5g之间。从254cm的高度向硬地面做自由落体运动时，网球落地后弹起的高度应在134.62cm～147.32cm。在20℃的温度下，如果在球上加8.165kg的压力时，推进变形应大于0.56cm，小于0.74cm，复原的平均值为0.89～1.08cm。

比赛用球有3种类型：快速球，用在慢速球场；中速球，用于中快速球场；慢速球，用于快速球场。不同类型的网球见表1-3-1。

表1-3-1　不同类型的网球

	快速球	中速球	慢速球	高海拔用球
重量	56.0～59.4g	56.0～59.4g	56.0～59.4g	56.0～59.4g
直径尺寸	6.541～6.858cm	6.541～6.858cm	6.985～7.303cm	6.541～6.858cm
弹性	135～147cm	135-147cm	135-147cm	122-135cm
内向变形	0.495～0.597cm	0.559～0.737cm	0.559～0.737cm	0.559～0.737cm
反弹变形	0.673-0.914cm	0.800～1.080cm	0.800～1.080cm	0.800～1.080cm

（三）网球鞋

设计合理、科学的网球鞋可以帮助网球选手提高击球的性能，避免在网球运动中对脚踝、膝关节、腿部肌肉等造成负担。针对不同的网球场地，应选择不同的网球鞋。

1. 网球鞋的性能

最早的网球鞋是低帮，之后随着高帮篮球鞋的兴盛，网球鞋也出现了高帮。但是，高帮网球鞋限制了脚踝的灵活性，影响了网球击球的步法移动，因此，运动生理专家设计出了中帮网球鞋，这种鞋利用了中帮低凹处触及脚踝下部时的条件反射来提醒球员注意动作，避免损伤，从而有效地保护了脚踝。

网球鞋的选择要根据球员所在的网球场地进行选择，主要表现在网球鞋底。一般室内网球鞋底是细密条纹，室外则是粗犷条纹。硬地球鞋与硬地球场表面的摩擦力较大，所以鞋底设计得较厚、比较耐磨；而沙地球鞋与沙地的摩擦系数小，又有专门的滑步技术，鞋底则采用普通橡胶制成。

2. 网球鞋带的系法

网球鞋带的系法非常重要，系得太紧，容易勒紧脚踝，影响脚踝的灵活性；系得太松或不系鞋带，则丧失了球鞋本身的性能。正确、恰当的系法，能够使球鞋与脚紧密地结合成一体，充分发挥球鞋的性能，还能使鞋带在激烈的运动中保持适度伸张性。

目前网球鞋带的常用系法是从鞋前部扣眼开始，由下向上分别穿过每个扣眼，依次逐个向后穿，让鞋带左右整齐地交叉在鞋口中间。但要注意，如果左边鞋带开始在下面，那么当穿到下一个扣眼时，左边鞋带就要在上面。依此类推，穿完一只鞋后，另一只鞋的穿法一样，只不过左边鞋带开始在上面，与前一只鞋相反，保持左右脚鞋带的对称性。

3. 网球鞋的保养及更换

网球鞋也有使用寿命，在使用时应注意保养。①最好准备两双同样的球鞋交替使用，以免因性能疲劳而受损；②网球鞋只适用于网球运动时使用；③在每次打球后，应把球鞋放置于通风干燥处，以免脚汗腐蚀球鞋、滋生病菌等；④不要在有水的场地上打球，以免弄湿球鞋，而穿着湿鞋继续打球会影响、损害球鞋的性能和使用寿命。

当网球鞋出现以下情况时，则需要更换网球鞋。①球鞋破损，如鞋底与鞋帮脱线、剥离，气垫鞋的气垫破漏等；②打球时，感觉鞋底呆板且无弹性；③起脚时，球鞋的弯曲处不在鞋底中央，而靠近前端；④脚后跟底部因磨损不均，使两侧的高度相差较大，跑动时明显感觉到脚掌一边高一边低。

（四）网球服装

网球服装从它诞生的那天起，就一直透着浓郁的时代气息。长期以来，白色一直被人们视作网球运动的标准颜色，它所代表的纯洁、高雅为网球运动树立了良好的形象。到了近代，男运动员的白色长裤变成了短裤，女运动员的裙子也逐渐演变成了网球短裙。男子服装图案美观、协调，突出了个性特征；女子服装则短裙得体，集美丽与运动为一身。

选择网球服装的原则是舒适、方便。参加正规比赛还需符合规则要求。一般男子打网球常穿网球衫，要求是短袖、翻领，下身穿网球裤。女子打网球常穿T恤衫、圆领短袖、背心等，下身穿网球裙，颜色以白色为主。

（五）其他

网球背袋里可以放网球球拍、网球、网球鞋等用品。对于网球爱好者来说最好准备两把同样型号的球拍，以便在比赛或练习过程中出现断弦情况可以马上更换球拍，因此，有一个大的背袋就显得比较方便。

吸汗带通常缠绕在球拍的拍柄上，起到吸汗、防滑的作用。它一般有两种材质：皮革制成的吸汗带和毛巾布。前者又分为干性和湿性两种。

减震器的主要作用就是减少击球时球拍的震动对手的冲击力。减震器的安装要视个人的喜好而定，但网球规则里明确规定横竖弦交错的地方不可以安装减震器。

护腕、发带、网球帽等也是网球运动中不可缺少的。护腕不仅可以保护腕关节，还可以在打球时用来擦汗。网球帽不仅有遮阳的作用，还有固定头发的作用。

第四节　国际网球组织与赛事

一、国际网球组织

从英国温布尔顿开始到现代，网球运动已经历了100多年的发展，网球的技术水平通过一代又一代人的突破而不断提高，规则也逐渐完善。世界网球组织对网球的发展功不可没，世界网球组织主要有以下三个。

（一）国际网球联合会

国际网球联合会筹建于1911年，英文全称International Tennis Federation，英文缩写ITF，简称国际网联，总部设在伦敦。由于当时草地网球正在多个国家迅速发展，建立一个负责协调和组织国际性比赛的国际机构显得尤为重要。1913年3月1日，国际网球联合会成立，来自12个国家的代表参加了在巴黎举行的全体会议。目前，国际网联已经由最初的12个成员国增加到198个成员国。中国网球协会（以下简称"中国网协"）在1980年成为该组织的正式会员。国际网联的主要职责是负责处理网球比赛所涉及的一切事务；制定和修改网球比赛规则；为发展中国家的网球教练开设培训班；协调世界青年、成年和老年网球比赛。国际网联下一年度的工作计划由理事会负责管理，理事会由国际网联会员代表组成，最后通过常务会制定工作计划。

图1-4-1　国际网球联合会标志

（二）国际男子职业网球联合会

国际男子职业网球联合会，1972年成立于美国网球公开赛之时，英文全称 Association of Tennis Profes-sionals，英文缩写 ATP，是世界男子职业网球选手的"自治"组织机构，全球总部设在英国伦敦。其主要任务是处理赛事和职业男子网球运动员之间的伙伴关系，并负责管理职业选手的积分、排名和奖金的分配，以及制定比赛规则和给予或取消选手的参赛资格等各项工作。ATP 每年要在世界近 40 个国家举办 80 多项赛事。

图 1-4-2 国际男子职业网球联合会标志

（三）国际女子职业网球联合会

国际女子职业网球联合会，成立于 1973 年，总部设在佛罗里达州的圣彼得斯堡，英文全称 Women's Tennis Association，英文缩写 WTA，主要由主席和董事会来管理。他们大多是现役球员，另外还有一些是商业顾问。董事会为女子网球职业协会提供建议。像男子网球运动一样，WTA 的主要职责是负责管理女子职业网球球员，制定整个巡回赛的比赛规则，并资助一些表演赛，使球员们能参加一些这样的比赛而不必担心与真正的职业联赛会有冲突。WTA 每年要在世界近 20 多个国家举办 60 多项赛事。

图 1-4-3 国际女子职业网球联合会标志

二、国际重大网球赛事

(一) "四大满贯"网球赛事

"四大满贯"网球赛事是由国际网球联合会主办的四大网球公开赛,设有男女比赛,冠军可获得 2 000 积分。"四大满贯"赛事起始年代与比赛时间、场地、地点见表 1-4-1。

表 1-4-1 四大满贯赛事相关信息

公开赛名称	起始时间(年) 男	起始时间(年) 女	比赛时间	场地类型	比赛地点
温布尔顿网球锦标赛	1877	1884	6～7月	草地	英国伦敦温布尔顿
美国网球公开赛	1881	1897	8～9月	人工橡胶场	美国纽约林山
法国网球公开赛	1881	1897	5～6月	红土地	法国巴黎奥太伊
澳大利亚网球公开赛	1905	1927	1～2月	人工橡胶场	澳大利亚摩尔本

1. 温布尔顿网球锦标赛

温布尔顿网球锦标赛是现代网球史上最早的比赛,由全英俱乐部和英国草地网球协会于 1877 年创办。首次正式比赛在英国伦敦的温布尔顿总部进行,名为全英草地网球锦标赛。比赛时间是每年 6 月最后一周至 7 月初定期举行。英国人作为现代网球之父,不管是从场地、器材,还是从项目的名称,都彰显着纯正的英伦贵族血统。"温网"主要体现了英国人内蕴民族文化的审美情趣和文化价值观念,以独到和新颖的审美体现了英国网球文化。

图 1-4-4 温布尔顿网球锦标赛标志

2. 美国网球公开赛

美国网球公开赛始于1881年，每届比赛均在8月底至9月初在美国纽约法拉盛公园的国家网球中心举行。从1997年开始比赛在新落成的阿瑟·阿什网球中心进行。明星是"美网"的基础，"美网"总奖金是四大公开赛中最高的，奖金总额高达600多万美元。由于美国网球公开赛的地位和高额奖金，以及中速硬地场地，吸引了众多好手参加。纽约通过"美网"美化纽约、宣传纽约，在增强纽约文化底蕴的同时，也提升了纽约的城市知名度和城市竞争实力。

图 1-4-5 美国网球公开赛标志

3. 法国网球公开赛

法国网球公开赛始于1891年，开始时只有法国选手参加，直到1925年才允许国外球手参赛。1928年起，"法网"每年5月底到6月初在巴黎的罗兰·加洛斯网球城举行。在四大满贯赛事中，法网毫无疑问是最有激情的一项，就像它火红的场地一样。由于是在慢速红土上进行，耐心的相持、强烈的上旋球以及快速的奔跑被认为是在这里夺冠的主要武器，这对选手的体能和意志都是严峻的考验，"法网"也被人誉为"爆冷的温床"。

图 1-4-6 法国网球公开赛标志

4. 澳大利亚网球公开赛

澳大利亚网球公开赛是由澳大利亚网球运动中心举办的，每年赛事安排在 1～2 月份。虽然澳大利亚网球赛是四大公开赛中最早开始的比赛，但它却是最晚创建的赛事。第一次比赛是在 1905 年的墨尔本威尔霍斯曼板球场举行的。其中，男子比赛创建于 1905 年，女子比赛始于 1922 年，刚开始举办比赛时使用草地网球场，直到 1988 年才改为硬地网球场。1968 年，国际网球职业化后它被列为四大公开赛之一。

图 1-4-7 澳大利亚网球公开赛标志

"澳网"在长期历史积淀中形成了能够反映澳大利亚移民国家的文化类型的基本特征，使其具有不同于别的民族的网球文化心理和文化结构，同时又反映了澳大利亚人特定的民族精神。

(二) 网球大师杯赛

网球大师杯赛是 ATP 设立的年终总决赛，只有当年冠军排名前 8 的网坛顶尖选手（第八个名额留给排名前 20 且当年四大满贯赛冠军之一或冠军排名第 8 位的选手）才有资格参加的赛事，并要争夺男子网坛年终第一的至高荣誉。网球大师杯赛的前身是 ATP 年终总决赛和 ITF 的大满贯杯,而"大师杯"这个名号诞生于 1999 年 12 月 9 日。这一天四大满贯赛委员会、ITF 和 ATP 共同宣布 ATP 年终总决赛和男子大满贯杯赛将不再继续,取而代之的将是一项新的赛事,即如今的"网球大师杯赛"。

(三)网球大师系列赛

由 ATP 主办的最高水平的 9 项网球大师赛,级别仅次于大满贯。自 2009 年起,ATP 九站大师赛改为八站,并重新命名为"ATP1000"赛事(即冠军可以获得 1000 分的排名积分,且排名世界前 20 位的选手必须参加),这八站分别为印第安维尔斯、迈阿密、罗马、马德里、辛辛那提、加拿大、上海以及巴黎。原先的蒙特卡洛大师赛将仍然保留"1000 分"赛事的待遇,即拥有等同于"1000 分"赛事的积分,但是并不强制顶尖选手参加。因此,ATP 全年共拥有 9 个"1000 分"赛事,而 8 个强制参加赛事和 1 个选择参加赛事就此组成了"8+1"的赛事系统。

(四)黄金巡回赛

黄金巡回赛是由 ATP 主办的较高水平的网球赛事,级别次于大满贯和大师赛,自身按奖金和排名积分分为两个级别。

(1)百万级别:总奖金额超过 100 万美金,冠军可获得 300 排名积分,赛站设在迪拜、巴塞罗那。

(2)低于百万级别:总奖金额小于 100 万美金,冠军可获得 250 排名积分,赛站设在鹿特丹、孟菲斯、阿卡普尔科、斯图加特、基茨布赫、东京、维也纳。

(五)国际巡回赛

由 ATP 主办的普通级别的网球赛事,级别低于大满贯、大师赛和黄金巡回赛,自身按奖金和排名积分分为四个级别。

(1)百万级别:总奖金额约 100 万美元,冠军可获得 250 排名积分,赛站设在多哈、维也纳、莫斯科、巴塞尔、圣彼得堡。

(2)80 万级别:总奖金额约 80 万美元,冠军可获得 225 排名积分,赛站设在伦敦、哈勒、斯德哥尔摩、里昂。

(3)60 万级别:总奖金额约 60 万美元,冠军可获得 200 排名积分,赛站设在马赛、埃斯托利尔、华盛顿、纽黑文。

（4）40万级别：总奖金额约40万美元，冠军可获得175排名积分，赛站设在阿德莱德、印度清奈、奥克兰、悉尼、维纳德马尔、德尔雷海滩、巴西、圣何塞、布宜诺斯艾利斯、萨格勒布、拉斯维加斯、瓦伦西亚、休斯敦、慕尼黑、波特查赫、卡萨布兰卡、索波特、赫特根伯什、诺丁汉、格斯塔德、纽波特、巴斯塔德、阿默斯福特、印第安纳波利斯、乌马格、洛杉矶、布加勒斯特、孟买、北京、曼谷、梅斯。

（六）戴维斯杯赛

戴维斯杯（Davis Cup）是世界上极受瞩目的国家对国家的男子网球团体赛事，是由国际网球联合会负责组织的赛事。因系美国人戴维斯倡议举办，并捐赠银质奖杯授予冠军队，故称为戴维斯杯。戴维斯杯每年举行一次，比赛采取两级的升降级比赛的办法。第一级称世界组，由16个队参加，成员是上一年比赛的前12名和四个分区赛（即第二级的四个区的比赛）的第一名，这一级的冠军队即获奖杯；第二级分欧洲A区、欧洲B区、美洲区和东方区四个区比赛，获得各区第一名的可参加下一年第一级的比赛。1900年第一届比赛在美国波士顿举办，美国队夺得冠军。

（七）WTA年终总决赛

WTA年终总决赛诞生于1972年，由WTA设立，代表着女子网坛最顶尖水平的赛事。刚开始时WTA总决赛采取16人的淘汰赛制，但从1977年起改为8人的小组循环赛制，进入20世纪90年代后再度改为淘汰赛制，直到2003年这项横跨欧美大陆的赛事又恢复到了类似于大师杯的小组循环赛制。

（八）联合会杯网球团体赛

联合会杯网球团体赛是每年一度的世界女子网球团体赛，它是1963年为庆祝国际网联成立50周年创办的。联合会杯网球团体赛是和戴维斯杯赛齐名的团体赛事，是各国网球整体实力的大检阅。第一届联合会杯比赛在伦敦的女子俱乐部进行，共有16支代表队参加。联合会杯赛每年进行一次，随着女子网球运动的不断普及，参加联合会杯赛的国家也逐渐增多。联合会杯网球团体赛仿效戴维斯杯赛的比赛办法，实行"联合会杯新赛制"，由上一年联合会杯赛四分之一决赛的8个队组成世界组，其余8个队成为A组。这两组的比赛采用一次主场和一次客场的比赛方法。在世界组中，第一轮获胜的4个队进行半决赛，第一轮失败的4个队与A组中获胜的4个队进行比赛，比赛中获胜的队进入下一年世界组。A组中第一轮失败的队同各区中获胜的队进行比赛，4支获胜的队进入下一年的A组，4支失败的队则参加下一年的区级比赛。世界组和A组的比赛采用五场三胜制，第一天进行两场单打，第二天进行两场单打和一场双打，双打放在最后进行。目前，夺冠次数最多的是美国队。

（九）WTA皇冠明珠赛

WTA皇冠明珠赛是由WTA主办的最高水平的网球赛事，奖金和积分是WTA巡回赛中最高的，冠军可获得1000分。赛事有印第安维尔斯赛、迈阿密大师赛、马德里大师赛、中国网球公开赛。

（十）WTA超五巡回赛

WTA超五巡回赛是由WTA主办的较高水平的网球赛事，奖金和积分仅次于WTA皇冠赛，冠军可获得900分。5站比赛分别设在迪拜、罗马、辛辛那提、多伦多、蒙特利尔和武汉。

（十一）国际巡回赛

国际巡回赛是由WTA主办的一般水平的网球赛事，冠军排名积分为280分。比赛站分别设在布里斯班、奥克兰、霍巴特、芭堤雅、孟菲斯、波哥大、阿卡普尔科、吉隆坡、蒙特雷、蓬特维达海滩、马尔贝拉、巴塞罗那、菲斯、埃斯托里尔、斯特拉斯堡、伯明翰、斯海尔托亨博斯、巴斯塔德、布达佩斯、帕勒莫、布拉格、玫瑰港、巴达盖斯坦、伊斯坦布尔、哥本哈根、广州、魁北克城、首尔、塔什干、林茨、大阪、卢森堡。

第二章　网球运动的身心健康训练

联合国世界卫生组织（WHO）对健康做了新的定义，即"健康不仅是没有疾病，而且包括躯体健康、心理健康、社会适应良好和道德健康"。根据健康的定义可将健康分为生理健康、心理健康、社会适应健康和道德健康。在世界卫生组织的推动下，健康的新概念在全球得到了传播并日益为人们所接受，普遍认识到健康不再仅仅是没有疾病或不虚弱，而是生理、心理的健康和社会适应的整体完美状态，这就是生理、心理、社会三维健康观。体育对于促进健康有着不可替代的作用，能够增强人的体质、增进人的健康。

第一节　体适能的概述

一、体适能的概念

体适能的概念是1971年由美国总统体育与竞技委员会提出，是身体适应生活、活动与环境（如温度、气候变化或病毒等因素）的综合能力，是一种全方位促进健康的理念。

关于体适能概念的理解，各国学者各不相同。比如日本认为体适能是人体和精神的能力，不仅表现在运动能力和工作能力上，也表现为对疾病的抵抗力和环境的适应能力。香港学者钱伯光博士在其所著的《KEEP FIT》中较为详细地解释了体适能的概念：身体适能简称体适能，包括与健康相关的体适能和与竞技运动相关的体适能两大范畴。良好的健康体适能可让身体应付日常工作、余暇活动和突发事件；与运动相关的体适能可以确保运动员的运动表现和成绩，其目的在于取胜和创造纪录。张建平提出，"体适能概念应是指身体有足够的活力和精神进行日常事务，而又不会过度疲倦，还有足够的精力享受余暇活动和应付突发的紧张事件的能力"。肖夕君认为，"体适能也是身体适应能力的一种简称，可以把它概括为身体适应生活、运动和环境因素的一种应变能力"。

根据以上所述，体适能可以从以下几个方面进行解释。

（1）从生活方面来看，体适能是积极适应生活的身体能力。

（2）从机能方面来看，体适能是人类身心特质机能的总体表现，并通过个人的活动能力、工作能力及抵抗疾病的能力中显现出来。

（3）从结构层面来看，包括身体发育形态、生理机能、身体素质、基本活动能力、心理发展情形，以及对环境的适应能力与对疾病的抵抗能力等。

二、体适能的分类

美国运动医学会认为体适能可以划分为两个方面，一方面是与健康有关的称为健康体适能，包括心肺耐力（心肺适能）、肌肉力量、肌肉耐力、柔韧性、身体成分；另一方面是与动作技能有关的称为技能性体适能，包括灵敏性、平衡协调性、速度、肌肉爆发力、反应时间等；与功能康复有关的称为功能性体适能。在这里我们主要介绍健康体适能。

健康体适能是与健康有密切关系的体适能，是指心血管、肺和肌肉发挥最理想效率的能力。对于广大民众来说，健康体适能是十分必要和重要的。具有健康体适能的人在日常生活或体力性活动中具有较强的适应能力，他们不会轻易产生疲劳或力不从心的感觉。而不良的体适能，则会导致人体的亚健康状态。健康体适能主要包括以下五个方面。

（1）心肺耐力又称有氧耐力，主要是增加血液运送氧气的能力，使大肌群能够更长时间工作，所以活动应以有氧锻炼为主，被认为是健康体适能中最重要的要素。心肺适能越强，完成学习、工作、走、跑、跳、劳动时就会越轻松，并能够胜任强度较大的工作，较为激烈的运动也能逐步适应。

（2）肌肉力量是肌肉对抗阻力的能力，通过力量练习得以提高。

（3）肌肉耐力是肌肉在单位时间内重复收缩的能力，以中、小重量练习为主。

（4）柔韧性是用力做动作时扩大动作幅度的能力，包括身体各个关节的活动幅度以及跨过关节的肌肉、肌腱、韧带、皮肤和其他组织的弹性和伸展能力。以肌肉伸展练习为主，它对于提高身体活动水平、维持正确的体姿、减少运动器官损伤、改善动作效果都有重要意义。

（5）身体成分是指组成人体各组织器官的总成分。总重量为体重，含脂肪成分和非脂肪成分。体适能与体内脂肪比例的关系最为密切。脂肪过多，心肺功能的负担就越重。

三、体适能的发展趋势

对于不同的人，体适能可以代表不同的意义。一位久坐办公室工作的人所需的体适能，显然与体力劳动者所需的体适能大大不同。但个人的体适能必须是全面的，应包括身体的、心智的、情绪的、精神的和社会的要素，缺乏其中任何一项都无法达到整体健康。体适能良好的人应具备以下几点：①身体器官健康，并拥有应用现代医学知识的能力；②足够的协调能力、体力和活力以应付日常生活及突发事件；③稳定的情绪以适应现代生活的紧张和干扰；④团队意识和适应团队生活的能力；⑤充足的社会知识及解决问题的能力；⑥全面参加日常活动所应有的态度、价值观和手段；⑦健康的精神状态和良好的社会道德。体适能的发展趋势，不仅是个人身体健康的选择，它还可延伸至团队及地区，甚至是国家。

第二节 网球运动与身体健康

一、网球运动对心肺耐力的影响

心肺耐力是一个人在某一特定运动强度下持续身体活动的能力，反映了由心脏、血液、血管和肺组成的呼吸和血液循环系统向肌肉运送氧气和能量物质，维持机体从事运动的能力。拥有良好心血管适能的人通常也具有较好的运动耐力或有氧运动能力。

影响心肺耐力适能的因素包括：①生理学因素；②遗传；③年龄与性别；④体脂率。体重增加，心肺耐力适能就会下降。

网球运动对心肺耐力的影响非常明显。Keuls等（1991）认为，与未经训练的对照比较，大学生网球选手有氧能力得以改进，这种改进可以用增大的心脏容积（20%～30%）来解释。Farges等（2012）对10个年龄在12.9±0.3岁的年轻优秀网球运动员连续进行测心率、峰值摄氧量监测的研究表明：网球运动能更好地提高年轻网球运动员的峰值摄氧量，同时对调整运动员的心率也有明显的作用。

二、网球运动对肌肉适能的影响

肌肉适能包括肌肉力量和肌肉耐力。肌肉力量是从事抵抗阻力的活动能力。肌肉强壮有助于预防关节的扭伤、肌肉的疼痛和身体的疲劳。肌力和肌耐力衰退时，肌肉常常无法胜任日常活动及紧张的工作负荷，容易产生肌肉疲劳及疼痛现象。肌肉耐力是肌肉承受某种适当负荷时运动重复次数的多少，持续运动时间的长短的能力。肌肉适能在避免肌肉萎缩、松弛，维持较匀称的身材，防止身体疲劳，提升身体活动能力，提高生活质量等方面具有十分重要的意义。

肌肉适能的成分主要包括：①肌力：肌肉或肌群对抗某种阻力时所发出的力量，一般指肌肉在一次收缩时所能产生的最大力量。②肌耐力：某一部分肌肉或肌群，在从事反复被动收缩动力时的一种持久能力，或是指肌肉维持某一固定用力状态的持久时间。③爆发力：单位时间内发力的大小。④柔韧性：肌肉、韧带等伸缩的能力及人体各关节活动范围的大小。⑤平衡：身体在静态及动态时，把重心维持在支撑面内的能力。⑥灵敏性：以感觉神经、运动神经反应速度的快慢衡量，也指身体突然改变方向的能力。⑦协调性：收缩与放松的正确时机、韵律节奏及平衡的能力。

影响肌肉适能训练的因素有：①性别与年龄：男性的肌肉力量和质量通常比女性强大，这与内分泌有关；肌肉力量的增长，到 20 岁为巅峰；其后开始慢慢衰退至 60 岁。②四肢长度：骨骼肢体短者，肌肉力量较容易锻炼。③肌肉长度：相对来说，四肢长度短小，而肌肉长度较长者，可较容易锻炼力量及运动力量。④肌腱附着点：依杠杆原理可知，肌肉或肌群末端的肌腱附着于骨骼的远近可直接影响力量的产生。⑤肌肉纤维种类：快肌纤维对力量的产生有着较好的优势，而且快肌在神经肌肉反应方面也比慢肌快。

网球运动对肌肉的影响是显著的。Bloomfield 等（1984）的研究显示，与安静的同龄人相比，少年网球选手有规律的网球训练能够使深膝力量增加。杨思伟认为，参加网球运动对肌肉的发展具有促进作用，通过奔跑、多种步法的移动，正反手挥拍抽击球，上网截击球等技术的运用，达到身体肌肉的均衡发达，肌肉力量及身体的整体协调能力都得以提高。

三、网球运动对柔韧性的影响

柔韧性指身体各个关节的活动幅度以及跨过关节的韧带、肌腱、肌肉、皮肤和其他组织的弹性和伸展能力。关节活动度的大小取决于关节本身的结构，结构不同，柔韧性也不同，但是跨过关节的韧带、肌腱、肌肉等软组织的伸展性可以通过合理的训练得到提高。柔韧性的发展有利于形成锻炼者优美的体型，并对掌握身体锻炼动作有利。专家们认为，柔韧性水平低是在运动中出现不正确动作的原因之一。良好的柔韧性，可以防止运动损伤。

影响柔韧性的因素包括：①运动关节的解剖学结构；②生理和物理因素；③温度；④其他因素。不常活动的人比经常活动的人柔韧性差；经常参加锻炼的人的柔韧性也有差异。心理紧张度过强、时间过长会影响肌肉的协调能力，影响柔韧性。一天内人的柔韧性是有变化的，一般来讲，早晨柔韧性差，上下午较好，这与机体的唤醒水平有关。遗传因素也与人的柔韧性相关。

网球运动对柔韧性的影响效果不显著。刘朝辉（2010）研究发现，通过一年的网球课程学习，学生上肢力量明显加强，但爆发力和柔韧性提高不大。还有研究显示，与其他运动项目的少年相比，少年网球选手具有较低的腰部和肩内旋柔韧性。

四、网球运动对身体成分的影响

身体成分是指体内各种成分的含量（如肌肉、骨骼、脂肪、水和矿物质等），是反映人体内部结构比例特征的指标。1942年，Behnke等以脂肪组织为依据将人体体重分为脂肪和去脂体重（FFM）两部分。其中，脂肪又可以分为贮脂和基本成分脂，贮脂是人体在脂肪组织中贮存的脂肪成分，基本成分脂是人体细胞和组织结构成分的脂类物质，包括构成细胞膜的磷脂类及结合在神经、脑、心脏、肠、肝等器官和组织中的脂类；FFM指去除全部脂肪后的体重。

身体成分有较大的个体差异，主要受年龄、性别、饮食、种族和遗传等因素的影响。适度的体内脂肪贮备具有保温、机械缓冲和能源储备等作用。脂肪贮备过多会造成肥胖，使高脂血症、高血压病、心血管疾病、Ⅱ型糖尿病和中风的患病风险明显升高。脂肪贮备过少也会危害人体健康，如因长期节食、营养不良、厌食症及其他疾病造成体脂过少时，人体会出现代谢紊乱、身体功能失调，严重者可导致死亡。因此，研究身体成分是为了了解人体的体质、健康及衰老程度的状况，以利于将体重控制在一定的范围内，使脂肪与FFM两部分的比例适宜，以减少与肥胖有关的疾病的发病率，增进健康、提高生活质量。

网球运动对身体成分的影响是非常明显的。Swank等（1998）利用流体静力学称重测得的体脂显示，男网球精英选手的体脂低于对照组，年轻组（40～59岁）和老年组（60岁以上）的平均体脂低于非网球运动对照者3%左右。Sanchis等（2011）研究发现，网球训练的运动员组与对照组相比，前者的总脂肪量比对照组高 23%～28%、躯干脂肪则高 42%～43%，腿部脂肪质量高 13%～19%。

第三节　网球运动与心理健康

体育健身运动对心理健康有着积极的影响。体育健身运动能够使人获得乐趣并感到愉快，从而有效地缓解社会竞争所带来的压力和挫折心理，保持乐观、自信、豁达、开朗的生活态度。体育健身运动能够提高心理控制源的内控倾向，保持良好的心境，产生积极的身体自我评价和心理满足感。

一、网球运动对青少年心理健康的影响

研究表明，网球运动对青少年的心理健康有着积极的影响，但是不同强度与频率的网球锻炼对心理健康的影响完全不同。锻炼心理学的理论认为：锻炼可促进身体健康，而身体健康可使身体的控制感和自我效能提高，有规律地锻炼最重要的益处在于改善与体力适宜有关的生活质量，从而增强自我良好感。由于网球运动本身需要与球友交流，网球运动双打更是需要与搭档亲密无间地配合，这对于缓解青少年人际交往敏感、提高其人际交往能力有很大帮助。相较于慢跑、游泳、跳绳等其他有氧运动，网球运动更有趣，如果在与对手的切磋中获胜更能提高自信与自我效能感。网球运动中，如果练习者因为胆小或害羞而不敢与人对打，则可先单独对墙进行挥拍击反弹球的练习。经过一段时间的学习，掌握了击球的基本技术，有了一定的自信后，就可以大胆地寻找对打的网球朋友了。

网球运动能够促进个体社会化，提高人际交往能力。在双打比赛中，同组的两个人只有不断地交流、训练、磨合，相互了解对方的打球方式和习惯后，战术上的安排才会变得比较容易。随着练习者掌握网球技术、战术水平的不断提高，激励他们向较高水平的群体学习、较量，最终达到自我提高的目的。在交流的过程中，有利于练习者发展人际交往能力，培养良性、和谐的人际关系。

二、网球运动员的心理素质训练

（一）心理训练对运动员的影响

心理素质是运动员在训练和比赛中控制自己的生理活动状态、调节自己的

技术动作的主导因素。心理训练的内容是很广泛的，从人的心理活动的内容来看包括运动员认知过程训练、注意力的训练、运动记忆的训练、运动员想象、思维的训练、运动员情感、意志的训练、运动员个性特征的训练。从运动员的专门任务和要求来看，心理训练的内容又包括运动员参加比赛的心理状态、运动员技能技巧形成的心理训练、运动员专门化知觉的训练等。

　　心理训练对运动员具有积极的影响：①运动员通过心理训练可使其个性心理特征得到良好的发展。一个优秀运动员在竞赛中表现出来的独特风格，如遇强不惧、沉着冷静、情绪稳定等是在长期严格的训练中逐步形成的，而良好的个性特征有利于提高运动员的工作能力和训练效果。②通过心理训练可以培养网球运动员在掌握网球技战术以及比赛时所必备的心理素质，如精确的感知、敏锐的思维、注意力分配和及时转移等。③通过心理训练可激发网球运动员具有正确高尚的比赛动机和强烈的求战欲望，建立必胜信念，同时提高运动员的自我控制能力，及时消除心理障碍及由此带来的行为障碍，使其心理状态适应训练和比赛的要求，为提高运动技术水平和战术效果及获得最佳竞技状态奠定良好的心理基础。

　　（二）网球运动员心理训练的方法

　　一个心理训练有素的网球运动员在任何比赛中都能发挥出正常水平，能经受住各种复杂的考验。在遭受挫折、失掉战机、裁判不公或自己出现错误，甚至被判罚后，都能迅速从中摆脱出来并能继续打好球。比赛局势及上场队员等变化都不会对他们的比赛情绪或打法产生消极的影响。他们能够控制住自己的情绪，能在有压力的情况下使注意力集中在所要完成的动作及比赛任务上，总是要求自己尽最大努力去完成每一个跑动、起跳或击球动作。

　　目前常用的心理训练方法有以下两种。

　　1．一般心理训练方法

　　通过长期的心理训练，提高运动员自我控制和自我调节的能力，使他们掌握调节心理状态的有效方法，有些方法在准备比赛的心理训练中也可使用。

　　（1）放松训练。运动竞赛需要一定的紧张度，但紧张与放松在运动员的有机体上是辩证统一的。运动员如果不善于很好地使自己的身心处于放松状态，他就不能在必要时使自己有效地紧张起来。放松训练是运用语言进行引导，使肌肉放松、心情平静，从而调节神经系统的兴奋性，可有效地消除运动员训练或比赛时的紧张状态。

（2）自我暗示。自我暗示是使运动员利用自己的想象力，通过内部语言使自己处于一种理想的最佳状态。积极的自我暗示对增强自信心、消除紧张情绪都非常有益，而且还有助于提高技术和战术意识以及技能的学习和巩固。

（3）想象训练。想象训练就是运用内部语言使运动员重视过去的运动表象或以运动经验想象出比赛的情景，比如想象一次成功的防守过程（判断—取位—打球）、想象比赛的场面（观众的喧哗等）。想象效果的好坏取决于表象的清晰程度和想象水平的高低。通过想象训练可以提高表象的清晰和想象能力，进行想象训练时可闭上眼睛，使想象的内容越清晰越好。良好的想象训练可以帮助运动员形成精确的运动知觉，清晰的动作记忆能力和灵活敏捷的想象能力，从而使他们能够控制和熟练地使用好运动表象，尽快地掌握技术、战术，提高临场意识。想象训练还可以帮助运动员增强自信心，在赛前赛中亦可加以运用。

（4）集中注意力训练。集中注意力训练可帮助运动员提高在复杂情况下集中注意力的能力及准确而迅速地进行注意的分配和转移的能力。这种能力在平时训练中及比赛纷乱的环境中都是非常必要的。这种训练可以采取以下几种方法：①端庄静坐放松，自然呼吸，并采用腹式呼吸，然后把注意力集中在这种腹式呼吸的动作上。②通过鼻进行呼吸，尽量多地吸进一些空气，然后慢慢地将气呼出，并试着尽量排空肺部的气体，一边呼气、一边数"1"。再一次吸气，然后慢慢呼出并数"2"。如此反复，一直数到"10"，然后再重复一次全过程。如果此时注意力离开呼吸活动，则几乎无法继续进行这种计数工作。③把注意力集中在某一物体上，使自己的思想同其他事物（其他思想、情感和身体感觉）的联系隔绝，让自己对这一物体的知觉充满整个头脑。如观察一只手表，努力看清楚它的形状、各种文字标记等，然后闭上眼睛想一遍刚才看到的东西，是否有清楚之处，再睁开眼睛观察。如此重复3～5遍。

（5）智慧训练。现代运动竞赛不仅是体力的较量，也是智慧的较量。在同等身体、技术条件下，智力上的优势具有不可忽视的意义。因此智力训练应该成为运动训练的一个组成部分，必须为发展智力制定专门的、有针对性的教育方法，使运动员在平时运动中不断动脑筋，才能使智力有效地发展。这种训练可以采取以下几种方法：①必须有目的、有计划地传播必要的知识（如专业理论、辩证法、心理学、青年修养等），组织好学习的过程，让运动员通过实践来消化和掌握所学知识，鼓励并支持运动员自学。②有目的地向运动员布置观察任务（在看比赛、录像及训练、比赛时），培养运动员独立地观察和感觉的能力，减少教师介绍的间接观感作用，并使运动员学会区分哪些是本质的东西，哪些是非本质的东西。并将所观察和感觉到的零星的东西连贯起来，从中找出内在联系，以便为推断性思维创造重要前提。③加强记忆力、注意力和想象的训练。④在每次训练课上提倡和鼓励想象训练，注意想练结合。提高运动员分析问题和解决问题的能力，养成积极思维的习惯，多提问、多比较、多商讨。⑤强调思维活动的速度和效率，以提高对信息加工的速度。

（6）意志训练。意志训练是克服各种困难、实现既定目标的心理过程。意志训练在运动员的整个训练过程中占有重要地位。教师要把意志训练始终如一地、巧妙地安排在教学训练的全过程中，采用各种教学方法，培养运动员良好的意志品质。这种训练可以采取以下几种方法：①激发强烈的动机。②加强对运动员的严格要求，严格训练制度和生活制度。③增加训练难度，发展持久性的意志努力。④采用对抗性训练和必要的惩罚性措施。

（7）球队的团结。网球运动是一个单项运动项目，教师和运动员之间，队员和队员之间有益交往，相互尊敬、亲近的感觉、和睦的气氛、彼此间的宽容和互相鼓励等，都有助于训练效果，使比赛结果更令人满意。球队的团结包括以下几个方面：①让运动员了解其职责。应该给予运动员打比赛的机会，使他们珍惜和尊重别人的工作，承认别人的贡献是加强运动队团结的本质问题。②让替补队员记录比赛的情况并加以分析，参加作战方案的制定和总结，使他们产生一种责任感。③相互了解、推心置腹。教师对运动员的个人背景情况的了解将有助于建立一支有战斗力的球队。④让队员知道自己在队里的作用及安排在该位置的原因，以客观证据说明队员在队里的地位，然后提出奋斗目标，并告诉他们克服弱点的方法，他们便会明白自己的处境及他人的位置，同时还会理解和支持其他队员。⑤树立共同的目标，共同享受成功的喜悦。⑥组成竞争小组，不仅能促进技战术的提高，还可使小组内成员关系密切并产生一种特殊的荣誉感，这种荣誉感在比赛时就会成为全队荣誉感的一个部分。⑦运动员间要相互支持和理解，在互相帮助中共同提高。核心队员应积极发挥作用。⑧加强纪律性，为实现全队奋斗目标，制定严格的规章制度是必不可少的。

（8）摆正思想政治工作与心理训练的关系。思想政治工作与心理训练同属于训练过程，担负着提高运动技术水平的共同任务，但各自发挥的作用不尽相同。思想政治工作主要是对运动员的立场、观点及行为规范、道德情感等方面进行教育，培养运动员的爱国主义感、集体主义感、人道主义感、义务感、责任感、荣誉感等。对于改善训练关系、保持教育平衡及培养运动员具有为振兴中华、不断提高训练的自觉性和顽强拼搏的精神风貌，都具有积极的意义。在整个训练过程中，思想政治工作具有动员性、开导性、严格性、说服性、策略性、启发性等特点，而心理训练则是为了加强心理体验、调节心理状态、增强适应性和保持最佳竞技状态，两者缺一不可。

2. 准备具体比赛的心理训练

通过长期有效的一般心理训练，运动员掌握了放松的技巧，自我暗示能力得到了提高，内心想象效果明显，注意力能由自己支配，意志品质有了明显提高。那么他们的自我控制能力必然很强，在进行准备比赛的心理训练时就能取得良好的效果，能有效地应用内部语言控制自己的情绪、思维和行为，以便调整和控制比赛时的心理状态，从而保持最佳竞技状态。

（1）赛前的心理调整

赛前的心理调整需要做到以下三点：①模拟训练。模拟训练就是在大赛前模拟比赛的时间、地点、气候、观众情绪、噪声干扰以及对手的技战术特点，然后进行训练，以增强运动员的必胜信心，激活赛前的紧张心理，提高运动员对与比赛有关的客观环境和比赛对手的适应能力，稳定运动员情绪，以此作为取得比赛胜利的必要条件。②心理诱导。要保证充分的睡眠并转移注意力，把注意力转移到与比赛无关的刺激物上，使运动员的心理获得放松。其手段是多种多样的，如赛前进行各种娱乐活动，读有趣的书、听一段有节奏的轻音乐或喜爱的歌曲等。③开好赛前准备会。成功的准备会对稳定全队的情绪具有重要的作用。在准备会上要客观分析敌我双方的实力，摆正自己的位置，提出切实可行的目标，同时对比赛中可能出现的各种问题做充分全面的估计，分析和提出解决这些问题的方案，并使每个参赛的队员心理都十分明白，事先做好心理准备能有效地预防和控制不良情绪的产生和蔓延。④活动调节。采用不同速度、强度、幅度和节奏的动作,可以调节运动员临场的情绪状态。当情绪过分紧张时,可以反复练习前面讲过的放松训练、自我暗示和想象训练,这也是进行赛前心理调整的非常有效的方法。

(2) 赛中的心理调整

对于网球比赛过程中的心理调整需要做到以下几点:①教师的言行调节。由于比赛的复杂性,出现情绪波动是难免的(特别是新手)。对于自我控制能力较差的队员来说,教师帮其消除紧张情绪起着举足轻重的作用。而教师在胜败时的各种情绪表观也都将影响运动员的比赛情绪。因此,教师在比赛中要保持良好的心理状态,使运动员在教师的语言和神态中得到取胜的信心。加之如能了解队员,有效地调整队员的情绪,那么比赛的成功就有了心理上的保证。②心理适应调节。例如,让新手和临场的运动员先看一段时间的比赛,教师从旁启发,分析场上情况,同时交代清楚任务,做好心理适应准备再让他们上场比赛。赛中适当地暂停,也可起到心理调节的作用。如本方连续失误或对方进攻频频奏效的情况下,队员的紧张程度会越来越高。此时教师采用暂停,可使运动员持续紧张的情况得到缓解,然后采用上述的缓解办法,使运动员的心理得到适当的调整,甚至完全适应比赛的进行。③积极主动的呼应。比赛中积极主动的呼应可增强信心和保持旺盛的斗志,并使注意力高度集中,在皮层中枢建立一个优势兴奋灶消除观众的喧哗及本身体能水平下降等因素的干扰。呼应还能在心理上产生一种压倒对手的气势。取得一次胜利后的积极呼应能使高涨的情绪继续保持下去。而在逆境中也能积极呼应,就可以避免不良情绪的相互影响及恶化,恢复士气。

在赛中运动员要调整自己的心理状态还可采用自我暗示、呼吸调节和表情调节等方法。

(3) 赛后的心理调整

赛后运动员的心理变化是多样的。如胜利可能产生荣耀感、自豪感;产生加强训练、再次参赛的情感;也可能出现骄傲自满、盲目自信、轻视他人、对今后的训练漠不关心等消极情绪。失败时,可能表现为患得患失、怨天尤人、自暴自弃等;也可能表现为从失败中总结经验教训,克服自己的缺点,加强训练，争取下次比赛获胜的积极心理。

运动员比赛时的心理紧张情绪在赛后不可能马上就能恢复到正常平静的心理状态，所以，赛后必须对运动员的心理进行调整。重点解决的问题有：迅速消除比赛成绩的干扰，正确看待胜负；消除不正常的攻击心理；防止丧失自信心；消除比赛后的紧张情绪等。赛后心理调整的方法有：①可采用慢节奏、游戏性的练习，使运动员感到心理轻松愉快。②通过丰富多彩的转移性活动（如参观、游览、看电影、听音乐等），使运动员暂时忘却比赛情景、减弱紧张情绪、降低兴奋水平，使之逐步恢复到正常平静的心理状态。③采用移情的方法，把紧张的情绪转移到其他有兴趣的活动上，如找知己交谈，倾吐心中抑郁，书写、绘画、弹唱、写作，等等。④增进自我认识。对队员进行正确对待胜负和客观认识自我的教育，提高思想水平、加强道德修养。使运动员能正确看待优点，努力改进不良情绪，胜不骄、败不馁，形成新的自我表象。

第四节 网球运动营养与饮食

运动营养学是营养学的一个分支，近年来随着运动训练广泛开展和科学化研究的深入逐渐被引起重视，营养和运动被认为是机体健康和运动成绩提高的重要因素。如何将营养因素和科学训练相结合，成了训练中的一个重要环节。

一、营养物质在网球运动中的作用

网球运动作为技能主导类隔网对抗性项目，无论是职业比赛还是业余训练，球员对能量营养素的需求都很大。由于人体运动中机体代谢的特点，营养物质对网球运动员在不同环境下竞技状态的发挥有着十分重要的影响。

（一）网球运动的能量代谢系统

关于在网球运动中机体有哪些能量代谢系统参与，一直存在着争议。在网球比赛中，运动员与对手形成多拍回合的相持和场地中连续的短距离的移动过程，似乎整个动作的完成简短而迅速，其主导的能量系统可以在无氧环境下进行，根据能量代谢系统（表2-4-1）和网球的运动特征，运动员的能量代谢应该是在少量无氧糖酵解参与过程中的有氧代谢。

表 2-4-1　能量代谢系统

系统	特征	持续时间
磷酸肌酸系统	由储存的磷酸肌酸无氧生成三磷酸腺苷	在最大强度的活动中使用
无氧糖酵解（乳酸系统）	由糖原无氧分解生成三磷酸腺苷	当运动员无法摄入充足氧气时，高强度活动时使用；本系统持续生成三磷酸腺苷不超过 2 分钟
有氧糖酵解	糖原有氧分解生成大量三磷酸腺苷	在需要大量三磷酸腺苷，但运动员可以为本系统摄入充足氧气的高强度活动中使用
有氧系统（有氧代谢作用）	碳水化合物与脂肪有氧分解生成三磷酸腺苷	在持续时间长的低强度活动中，可以生成充足数量的三磷酸腺苷

（二）网球运动的能量营养素

1. 碳水化合物

碳水化合物作为一种人类最常见的营养素，人体每日摄入的热能来源 60%～70% 来自碳水化合物。运动员对碳水化合物的需求有利于为机体提供持续能量，在激烈的对抗中使得肌肉疲劳得以恢复。网球比赛中长时间高强度的对抗对能量的需求高度依赖于碳水化合物，较低的碳水化合物水平会导致运动疲劳。相关研究表明，体重 70kg 的网球运动员（运动时间 0～4 小时）运动后应立即摄入 70g 的碳水化合物，并接着每 1 小时额外摄入 70g 碳水化合物才能在比赛中将技能表现出来并恢复体能。此外，运动中补充碳水化合物可在网球比赛的后期提高球员的击球质量。碳水化合物广泛存在于自然界中，人类所需要的碳水化合物的食物来源多种多样，包含大米、小麦、大豆等谷物，根茎类食物，蔗糖、方糖、麦芽糖等食糖，各种蔬菜水果，等等。

2. 脂肪

脂肪作为一种高浓缩的能量源，在每天的推荐摄入量中一般占总热量的 20%～30%，从运动的角度来看，运动强度越低，脂肪燃烧的能量需求的比例就越高，当运动强度增大时，脂肪燃烧的量减少，肌糖原的燃烧比例增大。在一场网球比赛中，运动员在比赛过程中有氧代谢和无氧代谢同时进行，脂肪无疑是运动员提供能量的重要来源。脂肪的食物来源大致分为以下两大类。

（1）动物性来源：动物体内贮存的脂肪，如猪油、牛油、羊油、鱼油、骨髓、肥肉、鱼肝油等，动物乳中的脂肪，如奶油等。

（2）植物性来源：植物性脂肪来源主要是从植物中的果实内提取，如芝麻、葵花子、花生、核桃、松子、黄豆等。

3. 蛋白质

蛋白质作为最重要的营养素之一，是机体细胞的重要组成部分，对机体健康的维持和生理功能的调节起着极其重要的作用。多数运动员认为蛋白质的足够摄入是提高运动成绩的关键，然而多数研究表明，当前作为运动员对蛋白质的需求量往往被高估。作为普通人，每天需要摄入蛋白质量为总热量的12%～15%，每千克体重消耗 0.8g 的蛋白质可满足日常需求，即一个体重在 75kg 左右的常人，每天需要摄入蛋白质的量为 60g。而相关研究认为，运动员蛋白质的摄入量应为常人的 2 倍。蛋白质的食物来源包括动物蛋白和植物蛋白两大类。

（1）动物蛋白来源：牛奶、羊奶、马奶等奶制品，牛、羊、猪等牲畜肉制品，鸡、鸭、鹅等禽肉制品，蛋类及鱼、虾、蟹等。

（2）植物蛋白来源：豆类包括黄豆、大青豆、黑豆，干果类包括芝麻、瓜子、核桃、杏仁、松子等。它们蛋白质的含量均较高。

4. 维生素和矿物质

维生素与矿物质是维持机体生命活动过程必不可少的物质，对于能量物质代谢、组织构建、细胞内外环境的液体平衡起着至关重要的作用。当体内缺乏维生素和矿物质时，机体的抵抗力会下降，活动能力减弱，代谢紊乱，相关酶活力降低，氧化还原过程受到限制，直接影响了运动效率。由于运动员能量代谢效率较高，肌肉和骨骼应激较大，相较于非运动员需要更多的维生素和矿物质。维生素和矿物质补充剂在网球运动员中被广泛采用，运动员很容易通过营养的均衡来获取维生素和矿物质。在运动中重要维生素和矿物质元素含量见表 2-4-2。

表 2-4-2 运动中重要维生素和矿物质元素含量表

维生素/矿物质元素	生理功能	量（mg/d）	食物来源
维生素 C	促进三磷酸腺苷与糖原合成消除乳酸，提高运动能力、促进机体恢复并减轻疲劳	200	绿色蔬菜（青菜、青椒、苦瓜、菜花等）、新鲜水果（柑橘、草莓、鲜荔枝等）

续表

维生素/矿物质元素	生理功能	量（mg/d）	食物来源
维生素E	抗氧化，参与糖类、脂肪、蛋白质释放能力的过程，防止肌肉萎缩	15	植物油（花生油、玉米油、芝麻油）、蛋类、新鲜蔬菜等
钙（Ca）	维持神经肌肉兴奋，调节机体生理活动	1300～1500	奶及奶制品、蛋黄、虾皮、海参、生菜、黑芝麻等
钠（Na）	维持细胞渗透压、加强肌肉兴奋性	1500～10000	食盐
钾（K）	参与蛋白质、糖能量代谢，加强肌肉兴奋性	4700	谷类、豆类、水果（香蕉、柑橘）
镁（Mg）	参与体内蛋白合成、葡萄糖代谢、多种酶激活剂，维持心肌正常功能	400～450	牛奶、肉、全谷物（小米、燕麦片等）、蔬菜（黄豆）

（三）网球运动机体体液与电解质的平衡

网球比赛通常在室外进行，而且是高温天气，如果运动员无法控制体液和电解质的平衡，就容易导致电解质失调，降低肌肉收缩的能力，影响运动员的竞技水平和状态，更会带来健康问题，如引发热痉挛、热衰竭、中暑。

运动员体液和电解质的丢失主要是通过运动过程中大量排汗而造成的。环境的温度、湿度、运动强度、训练状态、适应环境决定了排汗量。汗水由大量的水和各种不同浓度的矿物质组成。比赛中由于大量的出汗迫使机体需要补充大量的水和电解质，尤其是钠离子、钾离子、镁离子。为了确保运动员在比赛中的机体能发挥最好的竞技状态，必须在赛前、赛中、赛后及时补充体液和电解质。

二、网球运动的饮食供给

网球运动是一种持续性的耐力运动，比赛中通常需要消耗大量的热量，饮食的一个基本点就是摄入足够的糖，需要根据比赛或练习特点制订最佳的饮食计划，以确保有足够的能量摄入。

（一）比赛前或练习前的饮食供给

运动员应在比赛前一天晚上就开始进行有效的糖储备，赛前的用餐一般选用容易被消化和吸收的高碳水化合物食品，如米饭、面食、全麦麦片、新鲜水果蔬菜等，尽量避免进食高脂、高纤维食品。同时赛前运动员应多喝水，并结合果蔬汁、低脂牛奶、含盐的运动饮料来平衡饮食计划，避免摄入导致体液流失的饮食如酒精、咖啡。

赛前运动员进食的标准推荐以每千克体重补充 4～5g 糖。膳食时间应在赛前 2～3 小时,以确保运动员在比赛时胃相对较空,而没有饥饿感。比赛开始前 1～1.5 小时,运动员应补充 400～500ml 含盐运动饮料,确保机体中碳水化合物和水分达到最佳状态。

(二)比赛中或练习中的饮食供给

由于网球比赛耗时较长,比赛过程有大量的汗液丢失,因此要准备充足的水和运动性饮料。有研究表明,很多网球运动员经常在赛前就已经存在机体缺水的状态,在整个运动过程中,运动员应在休息时间及时主动地补充水分,不能以口渴作为补充水分的信号。在补充体液平衡的同时,建议运动饮料和水同时进行补充,效果会更好一些。对于大多数运动员而言,一般每次休息补充饮料和水的量不超过 200ml。此外,运动员应准备一些高能量小吃以应对长时间的对抗,如新鲜水果(香蕉)、干果(葡糖干)、面包卷等。

(三)比赛后或练习后饮食供给

比赛或练习结束后,一般建议运动员在 2 小时内注重碳水化合物、水分和电解质的补充和再储备,使得机体得到及时的恢复。运动后仍然要注意饮食的平衡,除补充含糖、盐的运动饮料外,应选用低脂肪类的清淡的食物进行补充。

第三章　网球运动的基本技术

第一节　握拍方法

在学习网球技术前，先要学习握拍的基本方法。一般网球运动员常用的握拍方式有东方式、大陆式、半西方式、西方式、东方式反手和双手反手握拍法。具体如何选择握拍方式，主要取决于这种握拍方式是否能够充分发挥出个人最有效的击球效果。

一、东方式握拍法

东方式握拍法被分为正手和反手击球握拍两种。东方式正手握拍（图3-1-1）与我们平时与人握手的姿势十分相似，因此也被称为"握手"式握拍法。首先将球拍的拍柄水平放置，拍面与地面垂直，拍柄朝向自己，最后用握手状握住拍柄。这种握拍方式的要点是食指下指关节压在右垂直面上，食指与其余三个手指稍分开，手指要自然弯曲并握紧拍柄。东方式反手握拍法就是要在正手握拍的基础上，手沿着逆时针的方向旋转一个平面。采用这种握拍法时要注意避免拍头低垂，无法正确完成动作。所以在击低球时，拇指需压紧左下斜面。

图 3-1-1　东方式正手握拍

二、大陆式握拍法

大陆式握拍法是介于东方式正手握拍和反手握拍之间的一种握拍方法，这种握拍法还被称为"榔头"式握拍法，因为在采用这种握拍方法时，拍面的角度几乎与地面相垂直，所以拿着球拍就像是拿着榔头一样（图3-1-2）。这种握拍方法的要点是虎口要正对拍框，食指下关节紧贴着右上斜面，手掌的根部贴住上平面，与拍底的平面对齐，剩余的三个手指稍稍分开。使用这种握拍方法，手腕的活动范围比较大，正、反手击球时就不需要转换拍面，所以在上网截击、高压球或应变击球时使用起来比较方便。

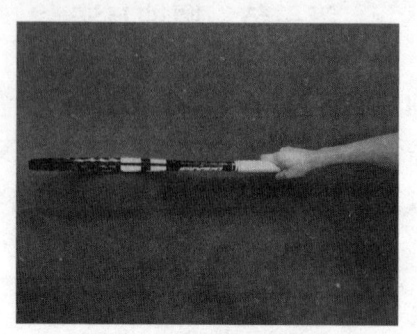

图 3-1-2　大陆式握拍

三、半西方式握拍法

半西方式正手握拍是从东方式握拍开始，然后再把球拍向逆时针方向旋转，将虎口对准拍柄右上斜面与右垂直面的交界线，使食指的根部压在下一条拍棱上（图 3-1-3）。这种握拍方式比较适合击打腰部以上高度的球，更适合正手主动攻击。这样的握拍方式不仅适用于网球的初学者，而且也被当代的顶尖网球选手广泛使用。

四、西方式握拍法

西方式握拍法俗称"一把抓"，是球拍面与地面相平行，拇指与食指几乎形成一个直角，拇指直伸压住拍面的平面，食指的下关节握住右上斜面，与拍底的平面对齐，最后手掌从上面握住拍柄（图 3-1-4）。这种握拍方式的特点是正反手击球时使用同一个拍面，击出的球旋转比较强，可用于进攻和破网，且威力大。

图 3-1-3　半西方式正手握拍　　图 3-1-4　西方式握拍

五、双手反手握拍法

双手反手握拍法的技术要领是右手采用东方式反拍握法,握在拍柄的底部,掌根和拍柄对齐;左手握在右手上方,用东方式或者半西方式正手握拍法(图3-1-5)。由于这种握拍方法击球力量大,动作的隐蔽性强,所以适用于力量不足的运动员在进行反手击球时使用,除了这些优点,它对运动员的步法要求也比较高。

图 3-1-5 双手反手握拍

第二节 基本步法

一、基本站位

站位是指在击球的瞬间双腿站立的姿势。比较常用的站位有关闭式站位、开放式站位、半开放式站位三种。

(一)关闭式站位

关闭式站位是指两脚应分开站立,以右脚或左脚的前脚掌为轴,另一只脚向来球的方向迈出一步,两脚之间形成的直线要与来球的方向平行。目前,关闭式站位常常用来进行反手击球,特别是单反选手(通常球员在跑动的过程当中就可以完成引拍动作),由于这种身体前方的交叉步法减少了腰部的转动幅度,所以也就限制了回球的方式。采用这种步法需要注意前后脚步法的调整,从而顺利进入下一个击球位置。

（二）开放式站位

开放式站位也是两脚分开站立，将双脚的前脚掌作为轴，向右侧或左侧转身，令左肩或右肩对着球网，双脚之间形成的连线与底线平行。开放式站位通常运用在运动员进行大幅度跑动击球时。如正手底线击球时，将右腿（左手持拍球员就是左腿）与来球保持在同一条直线上，在引拍的同时转动自己的腰和肩。通过右腿的支撑，可以减缓移动速度，并将重心也移向右腿。在挥拍时，身体就会自然地转向场地，同时支撑腿要有一个"蹬地"的动作作为补充。这个蹬地的动作可以保持运动员的身体平衡，并有利于流畅地把力量转移到击球上。

（三）半开放式站位

半开放式站位同样是两脚分开站立，以右脚或左脚前脚掌为轴，另一只脚向来球的方向迈出半步，两脚之间形成的直线与躯干夹角约为135°。这种站位可以发挥最大的击球力量。一般来说，运动员击球时的位置越接近场地的中央，就越可以使用这种站位。半开放式站位可以将腰部的转动和身体重心转移的爆发力更好地结合起来。

二、移动步法

移动步法是为了寻找更合理的位置进行击球。只有通过步法快速移动，并找到最佳击球位置，才可以完成一次高质量的击球。合适的击球位置要通过对方的来球方向、速度、高度等因素来选择，所以网球的移动步法主要讲究灵活和实用，常见的步法包括分腿垫步、交叉步、滑步/并步等。

（一）分腿垫步

分腿垫步是在准备移动时，身体呈两脚分立的姿势，在判断来球之后，吸气的同时双脚一起向前跃起，在前脚掌着地的瞬间呼气，然后向着需要移动的方向蹬地迈出。在对手击球时就要开始做分腿垫步，这是快速起动和平衡移动的关键。为了更好地击球应该在对手开始加速挥拍时就开始做分腿垫步，然后对来球做出准确判断并确定应该向哪个方向移动。分腿垫步使运动者处于随时可以迅速向任何一个方向移动的状态，可以将各项技术动作连接在一起。只有正确掌握分腿垫步，才可以在场上流畅地进行移动。

（二）交叉步

交叉步是在向侧面或前后跨步移动时，双脚呈交叉状。在向右移动时，先将左脚向右脚前跨出；而向左侧移动时，就先将右脚向左脚前跨出。一般这种步法都运用在底线抽球后的回位过程中或是在击打高压球的过程中。

（三）滑步／并步

两脚需平行站立，向左滑步时左脚应先向左侧迈一步，同时右脚蹬地迅速跟上做出滑步动作。滑步移动时身体重心的变换较快且移动速度慢。通常运用在来球距体侧较近或者短距离回位时。

第三节　正手击球

持拍手（以右手持拍为例，若左手持拍则相反）右侧击球就是正手击球（全称底线正手击球），左侧击球为反手击球（全称底线反手击球）。作为比赛中应用最多的网球技术，一般有经验的运动员大多都是依靠正手击球来为自己创造得分机会或是打出制胜球，正手击球也是最简单、最基本的击球技术，是初学者需要最先掌握的技术。正手击球技术的特点是击出的球力量大、球速快，相对其他技术来说更容易学习。

一、基本技术

（一）准备阶段

采用两脚自然开立的站位，两脚与肩同宽，屈膝并保持身体平衡（图3-3-1①）。移动前进行分腿垫步，根据来球的方向，一般与来球方向相反的脚先落地，从而使重心倾向于来球的方向，并快速向来球移动。如果采用的是半西方式握拍法，就可以更好地适应击球的高度（大约在肩部的位置）并且控制球。

（二）向后引拍

向后引拍时，两脚与底线平行，屈膝降低重心，右脚为支撑脚，右脚的蹬伸除了可以作为动力的来源，也可以帮助运动员右髋向前旋转。在向后引拍时躯干要向后旋转约110º，持拍手向外旋，球拍向后伸，拍头往上，并略高于头部（图3-3-1②）。非持拍手的肘关节要自然弯曲，手臂放于胸前，尽量与地面平行（图3-3-1②）。非持拍手的姿势可更好地保持身体的平衡。肩也外旋

—49—

约110°，与地面保持平行，上体微微向前屈，眼睛紧盯来球（图3-3-1②）。

（三）向前挥拍

向前挥拍时，后腿向后蹬伸，驱动膝和髋的旋转并向前运动，最终转移到球上，形成击球的力量。腿蹬伸的反作用力使运动员的髋与腰逆时针旋转（图3-3-1②～④），这时肩的转动会明显滞后于髋与腰的转动，而手臂的转动又会滞后于肩的转动，形成一个强大的扭转力。由于引拍时球拍略高于头部并沿弧线向下运动至球的后下方（图3-3-1③④），此时拍头在后，手腕外旋，为后续的击球积聚了很大的力量。非持拍手的手臂呈屈肘状态在胸前摆动（图3-3-1②～④），这样既可以维持身体平衡，也可以为躯干的旋转提供动力。随着躯干逆时针的旋转，拍头从下向上做出弧线运动（图3-3-1④～⑥），小臂和手腕迅速内旋（图3-3-1⑤～⑥），形成快速并且有力的"鞭打"动作。整个向前挥拍过程，重心向前移，躯干沿顺时针旋转大约110°，持拍手臂旋转大约135°。球拍先自上而下再自下而上做弧线运动。

（四）击球

击球时，肩要与球网接近平行，击球的高度在腰部和肩部之间，前后距离大约在身体右前方45°（图3-3-1⑥），眼睛盯紧击球的区域。击球瞬间球拍要尽量垂直于地面，然后自下而上地打出上旋球的轨迹。

（五）随挥

随挥是指击球后的手臂要继续向前移动，上臂要与地面平行（图3-3-1⑦），肘关节要指向击球的方向（图3-3-1⑧）。小臂继续向内旋，使球拍环绕自己的身体（图3-3-1⑧）。一定要掌握好身体平衡，最后恢复到准备状态，准备好下一次的击球。

图 3-3-1 正手击球

二、教学方法

（一）挥拍练习

初学者首先要建立起一个对动作的基本概念，养成正确良好的挥拍轨迹。在原地挥拍练习时，侧身引拍以髋关节为轴进行转动，同时降低重心；挥拍击球时要将腕关节固定，蹬地转髋时将球拍加速随挥到肩上；重点是要强调髋关节的转动。个人练习可以对着镜子，肩上扛一根长木棍，双手搭于木棍的两侧，然后以髋关节为轴转动自己的身体。

（二）原地喂球

初学者原地做好引拍，教练将网球抛到其腰高度的侧前方，在球弹起到最高处时，后退蹬地转体，大臂加速挥拍上肩然后用非持拍手接住拍子。这样的练习主要是巩固转腰的意识，以及掌握最佳的击球时机。

（三）隔网喂球

击球者要站在发球线的附近，教练员隔网把球轻轻地打到击球者的右前方，要求击球者在看到教练员触球瞬间做出分腿垫步。这个过程，教练员应该先用语言提醒学员引拍击球的节奏，使学员养成早引拍、早击球的节奏习惯。

（四）移动中击球练习

当学员有了一定基础后，打球过程中步法的运用也就起到了极其关键的作用，做到灵活的移动也是打好网球的关键。如交叉步，它主要运用在横向移动中，非常适合在跑动中击球，也可以较早地移动到最佳的击球位置；小碎步可以调整底线正手和反手的击球效果，它可以调整好运动员在击球前的平衡感与击球最佳的位置，为打出效果好的球提供坚实的保障。

（五）对抗阻力挥拍练习

对抗阻力挥拍练习要求在熟练掌握正手击球的基本步法训练之后，才可以进行完整的对抗阻力的练习。如将橡皮筋一端绑在网柱上，另一端则绑在自己腰上，以双打的边线作为移动的方向，采用交叉步和小碎步的方式移动到指定的区域然后挥拍。

（六）对墙练习

对墙练习可以提高学员对球的控制力，首先击球者要站在距墙 5m 左右的地方，击球的目标设置在墙上距地面 1.5m 的位置，自己抛球然后自己打球。击球的过程中一定要注意引拍击球的时机，体会蹬地转腰的同时挥拍击球和只用手臂挥拍击球时的不同感受。在动作标准的基础上打出更多次数的球。

（七）隔网底线技术多球练习

这种练习方式可以很好地纠正动作，提高运动员击球的效率，由于运动员水平不同，所以要选择不同的喂球方式。方法是教练员要站在发球线给学员喂球，学员则站在对面场地的底线准备击球，教练员应要求学员打斜线球。练习时应该注意到以下几点：早准备、早判断、早移动，这是打出好球的几个关键点。当然，在打球时也要明确自己打出球的落点区域，同时也要好好体会击球时的发力顺序，从而使肌肉形成正确的记忆。

三、易犯错误分析及纠正方法

底线正手击球易犯错误分析及纠正方法见表 3-3-1。

表 3-3-1 底线正手击球易犯错误分析及纠正方法

易犯错误	造成原因	纠正方法
击不中球，经常把球打在球拍的边框，不能用球拍的甜区击球	1. 练习者不能很好地判断来球的运行轨迹 2. 击球前手腕不固定（"动手腕"） 3. 整个挥拍过程不流畅，在挥拍过程中瞬间加力或加速 4. 击球时人与球之间的相对位置不合适	1. 引导练习者尽早地判断网球运行的轨迹，预判来球的落点和弹跳，击球时务必眼睛盯准来球。教师或教练送球时应尽量降低球速，同时使球运行的轨迹相对稳定，可提高练习者的击球准确率 2. 练习者加强挥拍练习或空挥拍练习（只挥拍不实际击球或击想象中的球），在挥拍练习过程中要求练习者尽量保持手腕的固定，体会球拍的动能是由身体的转动产生，而不是靠手腕的甩动。另外，在挥拍过程中要求练习者做匀加速运动，保持整个挥拍的流畅，而不是在挥拍过程中瞬间加力或加速 3. 加强对练习者原地击球的练习，即教练将球送至适当位置（练习者基本不用移动就能击到球），使练习者逐渐建立起正确的击球瞬间
击球时重心过高	1. 练习者下肢力量不足 2. 准备时两脚过于靠拢 3. 降低重心的意识不够	1. 练习者加强下肢力量的练习，比如多做蛙跳练习、负重深蹲练习等 2. 要求练习者在准备时尽量将双脚分开，与肩同宽或略宽，并且降低重心后将身体略往前倾，使身体重量集中在前脚掌 3. 可让练习者做坐凳挥拍练习，练习者坐在凳子边沿进行挥拍练习
击球时手腕扭动太大	1. 持拍手握拍太紧，小臂内旋与手腕翻动概念混淆 2. 发力部位不对（身体的转动而不是手腕扭动） 3. 击球过程不够流畅	1. 应引导练习者练习原地侧身无球挥拍或击假想球，保持手腕放松状态，拍底指向来球，拍头指向身后方向，手腕与小臂成 L 形，随挥后观察自己的掌心是否朝外，手背是否对着自己的耳朵 2. 侧身引拍，蹬地转腰控制好手腕，由拍头的运动量释放帮助完成转腕动作，而不是依靠手臂力量击球过网 3. 引导练习者连续流畅地练习挥拍动作，特别是在多球练习时击球瞬间的流畅性练习
击球后重心落在后脚	1. 击球过程中身体重心未向前转移 2. 重心转移的意识不够	1. 引导练习者引拍时双膝微屈，重心在后脚，击球后保持随挥动作，观察练习者抬起后脚能否站稳，能站稳说明身体充分前倾，重心落在前脚 2. 绑一根皮筋在柱子上，侧身引拍动作拉着皮筋，皮筋保持在腰部位置，练习蹬地转腰的动作，保持每次蹬地转腰后重心都在前脚 3. 教练或同伴喂球时尽量将球抛到练习者的右前方

—53—

续表

易犯错误	造成原因	纠正方法
调整不到位	1. 预判不准确 2. 步法运用不合理	1. 提前预判来球的路线和落点，加强步法的练习等，需要特别强调的是，对来球做出反应和快速获得动力的最佳方法是利用分腿垫步。在进行分腿垫步时，球员在对手引拍准备击球时用双脚的脚掌快速弹跳。这个动作使球员的双肩正对球场，降低重心并让球员迅速对对手击球做出反应 2. 教练或者同伴喂球时稍微将球喂高一点，让球过网时有一个明显的抛物线，以便练习者有充足的时间判断来球并及时到位
身体平衡	1. 击球点判断不够准确 2. 双膝重心未降低	1. 纠正调整不到位和身体平衡问题的方法也比较多，比如将红锥体（或其他标志物）成对放置在场地两侧单打连线上，球员持球拍点场上每对红锥体。按照教练的口令，球员做分腿垫步后向一侧红锥体移动，用适当步法接近红锥体并引拍、无球挥拍、复位，之后返回到场地中心，向另一侧红锥体移动，重复上述动作 2. 处理低球时，应弯曲膝盖而不是弯下身子，这样可以很好地保持平衡，同时协调身体充分发力，击球前利用分腿垫步重新建立平衡

第四节 反手击球

如同正手击球一样，反手击球也是网球技术中最常见的击球方法。反手与正手击球的动作要领相似，只是方向不同。在以前的网球比赛中，由于反手击球的力量小于正手击球，而且练习时间和强度也不如正手，所以反手是很多运动员在比赛中的弱点。如今，网球运动不断发展，反手击球的技术不断加强，逐渐由防御手段变为了进攻手段。反手击球又分为双手反手击球和单手反手击球两种，这两种动作也都有其各自的特点。

一、基本技术

（一）双手反拍击球

如今职业网球运动员中，使用双手反手的运动员远远多于单手反手的运动员，双手反拍击球极大地提高了网球运动员底线技术的进攻能力，也使底线全攻型选手达到了一个更高的水平。双手反拍击球的特点是通过躯干链转动产生了角动量，从而带动上肢形成对球的鞭打，释放出能量，增加挥拍的力量。这种击球方法的优点就是髋关节重心的稳定,能够确保击球的准确性,提高运动员击球的成功率。同时,这个方法还要求脚下步法到位精准,击球的节奏要合理,双手要完美配合。

1. 准备阶段

要采用两脚自然开立的站位,双脚与肩同宽,膝盖微屈保持身体的平衡(图3-4-1①)。握拍方式:右手是东方式反手握拍,左手则是半西方式握拍,两只手紧靠在一起,左手放在右手前面。

2. 后引拍

膝关节微微屈曲,保持身体平衡,同时这个动作也为后续的躯干旋转和向前运动提供了动力。身体向左后方旋转约100°,同时脚向前迈出,右脚位于左脚的左前方,形成关闭式站位,之后把重心落在左腿。肩随着躯干进行逆时针旋转,两臂贴近躯干,两肘自然弯曲;右肩要略微低于左肩,拍头伸向后上方大约45°,基本与头部等高(图3-4-1②)。身体稍微向前倾,眼睛要紧盯来球。

3. 向前挥拍

左腿进行蹬伸,使髋和腰旋转并向前运动,这时身体的重心从左腿移至右腿(图3-4-1③④)。左腿蹬伸使髋与腰沿顺时针旋转,和正手击打上旋球相似,这时肩的转动会滞后于髋和腰的转动,而手臂的转动又会明显滞后于肩的转动,形成一个巨大的扭转力。球拍向下并向前做弧线运动到球的后下方(图3-4-1③④),左手腕与右手腕外旋,拍头指向后下方45°左右的位置(图3-4-1④)。这时,左肩向下运动,右肩向上运动,大致与地面平行。由于躯干继续沿顺时针旋转,所以球拍做出向前向上的弧线运动(图3-4-1④⑤)。整个向前挥拍的过程中,运动员的重心前移,躯干沿顺时针方向旋转大约110°,在击球前保证肩与网大概是平行的。球拍运动则是先自上而下,然后自下而上做弧线运动。

4. 击球

击球时的身体重心落在右脚上,击球的高度大约控制在髋部的位置,前后距离在体前20cm左右(图3-4-1⑤)。击球时手臂与躯干的夹角保持在60°左右,两肩与地面平行,拍面基本与地面保持垂直(图3-4-1⑤)。身体微微向前倾,眼睛要紧盯着击球的区域。

5. 随挥

击球之后身体继续向逆时针的方向旋转，左肩继续向右上方运动（图3-4-1⑥），球拍则继续向右前方运动直至右肩后方（图3-4-1⑦），此时左肩的高度略高于右肩高度。在击球结束后左腿向侧前方跟进（图3-4-1⑦⑧），保持好身体的平衡，为下一次击球做准备。

① ② ③ ④

⑤ ⑥ ⑦ ⑧

图3-4-1 双手反拍击球

（二）单手反拍击球

单手反拍击球与正手击上旋球类似，球落地之后的反弹又高又远，比较容易加力控制。它的优点就是更方便快速击球，相比于双手反拍的侧身，单手反拍的步法可以更快到位，所以控制的范围更广。单手反拍的动作舒展，击球的力量足够大，而且攻击角度很大，灵活性特别强，在比赛中常常会通过单反击出许多出人意料的好球。但由于单手反拍击球对运动员的手感和上肢力量的要求都很高,所以处理高球的难度相对较大。

1. 准备阶段

准备阶段采用两脚自然开立的站位,双脚约与肩同宽,上身稍微向前倾,双腿弯曲,重心落在两脚的前脚掌上。单手反手击球一般采用的都是东方式反手握拍,非持拍手要轻轻扶住拍颈,拍头的方向指向前方,两眼紧盯来球的方向(图3-4-2①)。

2. 向后引拍

对面来球飞向反手的方向时,要迅速转体和转肩,双肩和持拍手要在球接近的时候做一个整体的转动,重心移到左脚上,微微屈膝降低重心,使身体保持平衡,同时也为之后躯干的旋转和向前运动提供了一定的动力。身体在向后引拍的时候,非持拍手要控制好拍颈,持拍手向上提起,使球拍抬到头部高度或者略高于头部的高度,肘关节要自然弯曲,身体微微向前倾(图3-4-2②)。

3. 向前挥拍

右脚在朝来球的方向跨步时,左腿要蹬伸,使髋与腰旋转并向前运动,同时身体重心要从左脚转移到右脚上(图3-4-2③)。这时非持拍手要放开球拍,使球拍下坠至低于来球的高度,屈膝帮助拍头可以从球的下方击球,此时肩部的转动要明显滞后于髋和腰的转动,而手臂的转动又会滞后于肩的转动,形成一个巨大的扭转力,球拍依靠肩部和前臂的肌肉向前由低到高的牵引力,随着躯干继续向顺时针方向旋转。整个挥拍的过程,球拍是先自上而下,然后自下而上做加速弧线运动(图3-4-2④)。

4. 击球

击球点选在右脚的前上方,击球时身体稍微向前倾,向前的肩膀像一个卷曲的弹簧被放开一样,平滑地进行转动,这个放开的动作产生拍头向前运动的加速度,并把力量都作用在球上。这时应该尽量保持球拍与球接触的时间,手腕要绷紧,手臂在触球的时候几乎伸成直臂,拍面与地面垂直,拍身和地面平行(图3-4-2④⑤)。

5. 随挥

击球后身体继续顺时针旋转,继续沿着前上方推送球拍,此时右肩高度就会略高于左肩的高度，头部一定要保持稳定。当球拍直立向上时，手臂随挥到高于肩膀的地方，随挥动作结束（图3-4-2⑥）。动作结束后应迅速回位成准备姿势，为下一次击球做准备。

图3-4-2　单手反拍击球

二、教学方法

（一）挥拍练习

初学者在学习反手击球时要先掌握好正确的站立姿势、握拍方式、击球方式、跑动位置等，这也是学习网球的基础。同样也要把握好正确的挥拍轨迹，从准备姿势、向后引拍、向前挥拍、击球、随挥逐步形成反拍击球的动作记忆。

（二）原地喂球

练习并把握好正确的挥拍轨迹后，可以尝试有球练习，先用原地喂球的方法，熟悉击球的概念。教练员可以在发球线附近将球喂在学员的左前方，当球弹跳到最高点时挥拍击球，在这一过程中，教练员要不断纠正学员的重心转移，要求学员把球打到对方场地。

（三）移动击球

初学者判断来球的能力比较差，不能明确跑动意识，所以只能先进行小范围的跑动练习，来慢慢适应跑动击球的节奏。喂球时教练员可以徒手抛在距离学员 3m 的水平位置，要求其能在几步之内完成引拍击球，从而帮助学员建立从准备到击球后回位的节奏。

（四）对墙练习

对墙练习需要练习者自身有较强的控球能力，可以选择站在离墙 3～5m 的地方，以墙上 1.5m 处作为击球的目标区域，尽量增加来回次数，击球时要注意重心从后脚移向前脚的过程，保证每次触球时手腕都是绷紧的，击完球后随挥到右肩上。

（五）底线多球

教练员在网前送多个球，在底线和单打边线之间选择一个落点区域，练习者要从底线的中点出发，前三个球打反手斜线球，最后一球打反手直线球，每次打完后要回到中点准备下一次击球。根据学员的具体情况规定组数，学员尽量将球的落点控制在教练规定的落点区域内或附近。

（六）一人网前截击一人底线反手抽球

这个练习方法需要两个人配合，网前截击要将球每次都打在对方的反手位，底线抽球则每次都必须用反手击球，并且两人都尽可能减少失误。

三、易犯错误分析及纠正方法

反手击球易犯错误分析及纠正方法见表 3-4-1。

表 3-4-1　反手击球易犯错误分析及纠正方法

易犯错误	造成原因	纠正方法
转肩不充分	1. 充分转肩的意识不够 2. 重心较高，转体不够	1. 要求练习者用右肩去对左侧网柱 2. 在练习者右肩肩胛骨上贴上标记，击球时要让对面的同伴看到标记
随挥动作不完整	1. 挥拍动作的整体意识不够 2. 挥拍动作不流畅	1. 帮助练习者建立正确的击球动作观念，使练习者意识到动作的流畅完整是击球质量的保证 2. 可采用增加拍头重量做挥拍练习或手持哑铃做挥拍动作练习
击球过晚	1. 击球点判断不够准确 2. 击球点过于靠后 3. 练习者准备不够充分	1. 可要求练习者更早地引拍，一般在只要能判断来球方向时就应该做引拍动作，或至少要在来球过网之前做引拍动作 2. 要求练习者用右肩找球，既可以保持身体平衡，也可以将球控制在左前方击球（右手持拍） 3. 充分利用分腿垫步提前做好击球准备
发力顺序不正确	1. 击球时只挥动手臂，蹬地不明显 2. 下蹲后重心不能有效地由后向前转移 3. 身体重心起伏太大	1. 多做坐凳击球练习 2. 让练习者站在墙前，将球抛起落地、弹起，击球的手保持伸直不动，仅仅以屈膝下蹲，用腿部和臀部上升和转动的力量将球击向墙壁，站位逐渐离墙更远些，力求更有节奏，主要用身体的力量和较少的手臂动作将球击出 3. 将球拍置于身后，双手分别抵住球拍两端，向两侧转动身体

第五节　发球

一、基本技术

发球是比赛中取得 1 分的开始，也是唯一一项不受对方干扰的技术。掌握良好的发球技术不仅能够占据场上主动权，甚至还可能直接得分。相比于其他的网球技术来讲，发球对大部分运动员来说都是一项比较难掌握的技术，发球时需要活动的身体部位较多，需要全身肌肉的高度协调，击球落地的区域也小。在高水平的比赛中，保住自己的发球局是球员获得比赛胜利的关键和基础。

（一）准备阶段

1. 握拍

发球时采用大陆式握拍，可以使腕部的活动范围比较大。

2. 站位

发球时，持拍手异侧的脚（图 3-5-1 ①中左脚）脚尖大概要指向右区网带的立柱，而持拍手同侧脚要基本与底线平行。

(二) 引拍

1. 抛球

非持拍手臂要保持直臂向上运动将球抛出（图 3-5-1 ②），球抛出的位置以便于击打为标准，一般高度都定在距离举拍后最高点上方一个拍头左右的距离，前后的位置可以参照球在落地后位于左脚脚尖一个拍头的距离。除此之外，举起的非持拍手臂和头部的位置是击球时保持平衡的基础（图 3-5-1 ②）。

2. 屈膝转体

屈膝转体是双腿大约弯曲 100°，同时躯干向后扭转，髋和肩部的扭转要形成一个约 20° 的扭转角。

3. 引拍

在躯干向后扭转时，球拍要举至头顶的上方，与水平方向形成约 45° 的角（图 3-5-1 ②）。这时持拍手的肩要低于非持拍手的肩，与地面形成约 45° 的角，双手的运动过程类似"拉弓"的姿势。另外，要注意身体重心的垂线要落在支撑脚的后方，形成"背弓"姿势。

(三) 挥拍

1. 下肢蹬伸

双腿蹬伸（图 3-5-1 ②③）可以给身体一个垂直向上的动量，使持拍手的肩部向上运动，并且在击球的时候使身体离开地面。

2. 躯干旋转

下肢的蹬伸（尤其是持拍手方向腿的蹬伸）在使身体上升的同时也能使髋及上体迅速旋转（图 3-5-1 ②~④），使躯干产生三个比较明显的动作：旋转、侧倾和前屈。在到达击球点时，躯干沿顺时针方向旋转约 90°（图 3-5-1 ②~⑤），躯干向前倾斜，使持拍手侧肩上抬（图 3-5-1 ②~④），上身向前屈，产生一个向前的角动量（图 3-5-2 ③~⑦）。这个时候非持拍手要靠近躯干，尽量减少转动的惯量。

3. 肩与大臂旋转

在向前挥拍时，肩随着上身逆时针旋转约90°，同时在躯干前倾时持拍手侧肩与大臂迅速向上抬，击球前持拍侧肩与大臂会明显高于非持拍侧肩与大臂（图3-5-1②~⑤），从而获得击球时的最大拍头速度和击球同侧高度。

4. 肘伸展与小臂旋转

在肩与大臂旋转并上抬的过程中，由于小臂与球拍运动相对来说比较滞后，所以肘关节处于弯曲的状态，拍头朝下处于最低点（图3-5-1③），随着肩和大臂不断向前向上运动，肘关节迅速伸展（图3-5-1③~⑤），同时小臂旋内（图3-5-1③~⑤），使球拍快速达到击球位置。

5. 手腕屈伸

手腕在击球前基本上都是处于弯曲的状态，在到达击球位置时手腕关节迅速伸展（图3-5-1④~⑤），形成快速"鞭打"的动作。

（四）击球

蹬地起跳后身体舒展时所能达到的最高点就是击球高度，前后的位置在距离身体前约20cm的地方（图3-5-1⑤）。击球时肩和躯干的夹角控制在大约100°左右（图3-5-1⑤），这样既可以产生最大的速度，同时也可以减小肩和肘的负荷。

（五）随挥

击球后肩与手臂内旋可以帮助分散肩部负荷（图3-5-1⑥~⑧）。因为击球时身体的内旋和腾空，所以持拍手同侧脚会先落于底线内（图3-5-1⑧）。完成发球后要保持身体平衡，为下一次击球做准备。

图 3-5-1 发球

二、教学方法

（一）面对镜子练习

初学者最开始要在大脑中形成一个对新事物的概念，在刚开始学习发球的时候，可以将整个发球动作分成抛球、引拍、击球、随挥几个阶段逐一进行练习。可以面对镜子练习抛球，几十个为一组，在熟悉了所有基本动作后，再把所有动作组合起来进行练习，通过镜子观察并纠正自己的动作。

（二）面对挡网练习

站在网球场周围的挡网附近，并且保持左脚在距离挡网 30cm 的位置斜对挡网，右脚与网平行站立，把球拍放在后背，在屈膝向上蹬地的时候迅速抬肘，大臂向上伸到最高的位置并且拍在挡网上。在找准自己的击球点之后，可与引拍、击球动作组合在一起练习。

（三）发球线多球练习

学员站在发球线，右手将球拍扛在肩上，自己抛球自己打，要求每个球都要打过球网，在逐渐熟悉了这个练习之后，可以先退到中后场进行练习，最后再退到底线练习。

（四）对墙练习

先在墙上标出一条距离地面 1m 的平行线，学员则站在距离墙体 5m 左右的位置进行发球，在掌握发球技巧后，逐渐往后退。

（五）多球练习

在发球区内先选定两个目标区，也就是内角和外角，然后用标志盘把两个区域区分开。在每次发球之前先设置一个目标落点，依次交换两个区进行练习。深度练习时，可以在球网和发球区之间摆放标志物，要求练习的时候每次都要让球通过选定的区域并且发球有效。同样先给自己规定好目标落点，然后多次轮换发球区。

三、易犯错误分析及纠正方法

发球易犯错误分析及纠正方法见表 3-5-1。

表 3-5-1　发球易犯错误分析及纠正方法

易犯错误	造成原因	纠正方法
抛球不稳定	1. 练习者抛球时手腕过于僵硬或是甩动太多 2. 抛球手臂与身体的协调运动出现问题	1. 首先要引导练习者建立放松协调的抛球动作，具体的练习方法可采用设定标志，进行专门的抛球练习 2. 引导练习者将球持于三指之间，掌心空出，以端酒杯式持球，直臂由下往上慢抛球，球送至额头以上高度开始脱离手掌，手臂继续向上运动，抛球手尽量贴耳，球落下后可以原地接住球
击球点过低	1. 由于练习者抛球不稳定，于是练习者为了提高抛球的稳定性从而降低了抛球的高度，导致发球时击球点过低 2. 练习者为了提高发球成功率有意降低击球点	1. 击球高度不低于持拍上举后再加一个球拍的高度，击球点在身体 12 点至 1 点之间的位置，在抛球手臂肩膀上方 2. 对于初学者来说也是一项比较难学的技术动作，降低击球点能在一定程度上降低发球动作的难度，提高发球的成功率，但是容易引起技术动作变形，从而造成运动损伤。所以，引导练习者建立正确的发球技术动作，循序渐进、逐步练习

续表

易犯错误	造成原因	纠正方法
发球不过网	1. 发球下网多是由于练习者的挥拍用力方向不对造成的 2. 初学者容易将发球的用力方向理解为下压的动作，导致发球下网 3. 抛球太低以致击球点太低	1. 让练习者建立正确的发球用力方向，可多做投掷标枪动作的练习 2. 可适当调节练习者的击球高度，过低的击球点也容易导致发球下网

第六节　接发球

接发球就是指将对方发出的球击打回对方场地内的网球技术。在对方发球之后，运动员必须要在很短的时间内做出反应，提前做出预判，做好回击的动作。接发球技术是网球中的一种防守技术，打出高质量的接发球不仅可以扭转场上被动的局面，而且能令对手猝不及防，将被动局面转为主动攻击，有时甚至可以直接得分。

一、基本技术

（一）握拍

面对不同的来球和接球方式，球员应选用不同的握拍法来应对。如果选择的是进攻型接发球，就应该用半西方式或东方式握拍法；如果选择防守型接发球，就要用大陆式握拍法。引拍和前挥时应该保持松弛，但从球拍接触球的一刻，一定要紧紧地握住球拍，手腕固定，保证拍面的稳定。

（二）站位与准备姿势

接发球的站位不是固定的，要根据自己的技术特点、预判能力、场地种类和对手发球的特点等进行变动，以最有利于击球为原则，选择接发球的站位。接发球的站位应选择在有效接球角度的平分线上，这样才能保证不会出现明显的空档。前后方向的具体站位要根据对手发球时力量的大小来决定。在接第二发球时，因为第二发球多半会比较慢地落在近网的位置，如果发球比较软、力气小，就可向前逼近。接发球的准备姿势要两脚自然开立，双脚与肩同宽或略比肩宽，稍稍屈膝降重心，上身向前倾，肘关节弯曲，在胸前持拍，拍头向上翘与地面形成约 45°～60° 的角度，身体重心落在两脚的前脚掌上。

（三）击球

接发球的击球动作与普通击球动作基本上是相同的，只是引拍的动作比较小，没有明显的向后引拍。当对方发球后，接球员要迅速预判击球点，及时起动，迅速地做出转体引拍的动作，在转体引拍的时候，肘部要离开身体，持拍臂腋下与身体之间留大约一个球的空隙。在引拍的同时要向击球的方向踏出异侧的脚，然后向前迎击球，击球点在体前侧的胸部高度处，击球的时候要尽量加长球拍接触球的时间，向前把球推出去。击球之后随挥的动作比较小，动作可以顺势结束在较高处。身体重心停留在前脚的脚掌上，后脚可稍稍抬起，方便迅速复位，为下一次击球做准备。

二、教学方法

（一）接发直线练习

接发直线练习主要为了练习和巩固接发回击直线球的能力。发球者从发球线发球，每次接发球者都要回击直线球，每人接发10次后交换两人的角色。

（二）接发球和比赛组合练习

这种练习方式是一个人发球，另一个人接发球，发球进区后两人对打，争取回合数在10次以上。

（三）接发球上网练习

接发球上网练习依旧是一人发球，另一人接发球，接发球要求回击斜线，同时随时到中场打截击，再到网前继续打截击。或者一人发球，另一人接发球，接发球是规定回击直线，同时随时到中场打截击，再到网前继续打截击。

三、易犯错误分析及纠正方法

接发球易犯错误及纠正方法见表3-6-1。

表3-6-1　接发球易犯错误及纠正方法

易犯错误	造成原因	纠正方法
准备不充分	由于发球的球速、旋转与底线抽击球均不太相同，初学者在接发球过程中容易反应比较慢、准备不充分，导致错过最佳击球时机	1. 练习者建立提前预判和向前迎球的意识 2. 注意力高度集中，眼睛盯紧发球方的抛球，并在对方击球前瞬间做分腿垫步动作，这会让接发球者有更好的平衡和更多的能量来移动击球，接着向前一步主动去迎击球

续表

易犯错误	造成原因	纠正方法
击球点过低	初学者在刚开始接触接发球时容易产生畏惧感，在接发球过程中只求把球接回对方半场区，缺少对回发球的规划	1. 回球目标区域的设定可以帮助接发球者不会受对手，尤其是双打中网前对手的干扰 2. 事先考虑好应对对方各种发球的策略，一旦对手发出球来，就可以按照预想计划果断出手
引拍幅度过大	初学者在进行接发球练习时容易出现击球动作、引拍幅度和正反手击球引拍幅度一样	在教学过程中，应引导练习者提高对球落地反弹后运行轨迹的判断力，随球移动，尽量减小引拍幅度

第七节 挑高球

挑高球是指还击的球越过对手的头顶落入对方的后场区。一般在网球比赛中如果对手处于网前，自己又没有破网的机会，通常会使用挑高球，主要是为了迫使对手回到后场，从而进行过渡或是直接得分。挑高球既是一种防守性技术也是一种进攻性技术。防守性挑高球的弧线会很高，把球挑过上网者的头顶，一般都是挑到另一边的场地深处，这完全是一种防守性的打法，因为其意图并不是急于得分，而是利用球的飞行时间，跑回场地的有利位置，从而扭转被动的局面。进攻性的挑高球一般运用上旋打法，球在落地后弹起的前冲力大。对网球初学者来说，挑高球的练习可以当作练习基本功的有效手段。

一、基本技术

（一）握拍及准备姿势

防守性挑高球一般用大陆式握拍法，进攻性挑高球的握拍方式与在底线击打落地球的握拍方式一样。挑高球的准备姿势和底线击打落地球的准备姿势基本一样。

（二）引拍、击球及随挥

进攻性挑高球的引拍动作和正、反手击落地球的动作基本一样（图3-7-1①②）。挥拍击球的时候，拍面与地面垂直，拍头位置低于手腕，运用手腕与前臂的滚翻动作，从后下向前上挥拍，做弧线鞭打的击球动作，使球拍在击球瞬间与球擦击，从而产生强力上旋，击球点要在身体侧前方，重心落点在后脚（图3-7-

1③)。击球之后,球拍一定要朝着自己设想的出球方向跟进,随挥的动作要放松,并且在身体的另一侧结束(图3-7-1④)。

防守性挑高球的引拍动作也和正、反手击落地球的动作一样。击球的时候拍面朝上,触球点在球的中下方,从后下方往前上方平缓地挥拍击球,像"遥送"动作的击球法,为了能够更好地控制球的高度和深度,所以要尽量使球在球拍上停留的时间长一些,动作柔和一些。随挥动作和底线正、反拍击下旋球一样,跟进动作要充分,结束动作时比上旋高球结束动作要更高,此时应该面对球网,重心稍稍靠后。

图 3-7-1　正手挑高球

二、教学方法

(一) 对墙练习

对墙练习时,首先要找一面较高的墙,选出一个目标,在距离墙15m左右的地方进行对墙挑高球练习。要求网球在通过最高点向下落时,尽可能碰到墙上选定的目标。

(二) 自抛球和教练送球挑高球练习

自抛球和教练送球跳高练习的方法是要站在底线后面,自己抛球,反复进行正、反手挑高球练习,使球的落点逐渐靠近底线。教练如果在网前送球,球速就应该由慢到快,送球位置由场地中间到两边,练习者则分别用正、反手做挑高球练习。

(三) 双人练习

在双人练习时需要两个人都站在一个固定的位置,一个人站在底线中间,另一个人站在网前中间，分别交换着进行可控制的挑高球练习，要尽可能做到连续多个回合不出现失误。

三、易犯错误分析及纠正方法

挑高球易犯错误分析及纠正方见表表3-7-1。

表3-7-1　挑高球易犯错误分析及纠正方法

易犯错误	造成原因	纠正方法
上旋不够	击球时拍头没有低于手腕，造成没有上旋或上旋力量不强	要求练习者拍头低于手腕，每次都进行检查
击球易出界	击球的拍型掌握不好，击球部位不准，容易造成球出界	1. 可利用多球进行动作的动力定型练习，改进并掌握动作 2. 控制拍面，不可过分地上仰，要有向远和向深的意识

第八节　其他击球技术

一、反弹球

反弹球是一项使运动员在赛场上由被动变主动的过渡性技术，主要是回击对着自己脚下打来的球，或是在发球上网或随击球上网时冲上网的途中，来不及到位打截击球时被迫还击刚从地面弹起的低球。反弹球的击球特点是固定球拍的角度，借助球弹起时一瞬间的力量进行还击。一般情况下运动员不使用反弹球，只有在被迫时才会使用，如果可以准确及时地判断，就要加快上网的速度，截击凌空低球或是突然放慢前冲速度待球落地后跳起，在高点进行大力进攻。但有时如果时间很短，来不及这样处理，就只能使用反弹球。反弹球是一项技巧性极高的技术，尤其是现在网球战术向着积极快速进攻的方向发展，在单双打比赛中发球上网战术得到广泛使用，反弹球就显得更加重要了。

由于大多数反弹球都出现在上网的时候，所以反弹球的握拍方法和截击球应该相同，要采用大陆式握拍法。这种握拍法的最大优点是正反拍时都可以使用，而且与发球、高压球的握拍法相似，在快速击球时不需要频繁地变换握拍。当判断来球必须要打反弹球时，要迅速下蹲，降低身体重心，如在正拍反弹球时，应该转体，右脚向前方做跨步，右腿稍稍弯曲，反拍反弹球则与之相反。击球时眼睛必须紧盯着球，随着身体重心的前移，拍子从下到上做反弹击球，同时使球稍微带一点上旋。球拍的速度降低，随挥的动作不可以太长，达到引导出球的方向就可以了。

击反弹球时，初学者较容易犯的错误有：①向后拉拍的幅度过大，造成来不及击球或是击球点偏后；②没有做到屈膝弯腿，降低重心击球；③球拍触球的瞬间，眼睛没有注视球，形成漏击或击不到球拍的甜区上；④击球时手腕绷得不够紧，击球无力。纠正的方法有：①在身后放一固定物挡住向后拉拍的幅度；②准备时注意屈膝弯腿，挥拍时身体不要起伏太大；③眼睛一定要始终盯着球，球拍对准网球；④注意手腕的紧固和放松交替进行。

二、凌空抽球

凌空抽球是一种极具攻击性的击球。当对手的来球软弱无力地到了中前场、头部高度或肩部附近时，在球落地之前就以大力抽击的方式把球回击到对方场地内。凌空抽球所使用的握拍方式同常规击落地球一样，并且要有一套完整的引拍动作，侧身转体的同时球拍向上举，引拍在身体的后上方。击球点在身体前侧，在高点位置快速地向前抽击。击球时要充分夹紧腋下，使挥拍稳定且有力，击球后球拍也要大幅度地随球挥击。另外，在击球前脚要向前大跨步，这可以为迅速向后引拍做好准备，一定要确定作为"轴足"的右脚的位置，重心转移到右脚的同时挥拍（这里以正手凌空抽球为例），击球时要把全部的重心都转移到球上。随挥动作要完整，击球之后球员也要继续向前移动。凌空抽球的首要任务是控制好球的方向和稳定性，只有掌握好击球的时机，借到来球的力量，才不用担心来球速度。

第四章 网球运动的基本战术

第一节 网球运动战术的制定

战术原本指的是"进行战斗的原则和方法"。随着现代体育的兴起和发展,战术也被运用到了体育比赛中。网球运动中的战术是一种以获胜为主要目的的比赛方法,它综合运用了技术、心理和身体素质等方面。在一场单打比赛中,由于场上的各种变化情况不同,所以不同运动员所运用的战术也不同。

战术可以帮助运动员在赛场上将自己的各种竞技能力都全面发挥出来。运动员在比赛时要根据自己和对手的具体发挥情况,正确且有目的地把自己掌握的各种技术组合和发挥出来,最大限度地将自己的竞技能力体现出来,从而克制对手,取得胜利。除此之外,合理的运用比赛战术还可以尽可能节省体能消耗,为比赛的胜利争取到更大的希望。

战术与运动员自身的技术、身体素质、心理素质之间都是互相联系、相互制约的。技术和身体素质是制定战术的物质基础,心理素质是制定战术的思想保障。而先进的战术也可以反过来促进运动员技术、身体素质、心理素质的提升和发展。

运动员掌握和运用战术的能力是指其战术能力,也是运动员整体竞技能力水平的主要构成部分。如果制定好的战术,运动员却不能在比赛中有效地执行,或者运动员不会根据赛场局面及时进行改变,而是还按原来的战术计划进行,就很有可能在比赛中陷入被动,反而达不到预期的比赛结果。所以,这也对运动员自身的战术能力提出了更高的要求。制定战术必须要遵循一定的基本原则。

一、知己知彼、有的放矢

在比赛之前,运动员不仅要将自己的技术情况熟记于心,还要通过观察了解对手的情况,摸清对手的打法、战术特点、体能状况、心理素质等,然后针对性地在自己原定的战术基础上进行调整。

二、灵活机动、随机应变

在制订战术时,要灵活多变。当场上局势出现变化时,及时通过改变战术来应对这些变化，争取克制对手。若自己的战术被对方适应，也要及时改变战术，争取做到技术的多样性，调动对方的跑动范围，使对手疲于奔跑，或增大对方接球难度。总而言之，运动员一定要根据赛场上的不同变化，灵活应变，这样才可以做到克敌制胜。

三、勤于观察、以己之长克敌之短

每个运动员的打法都有自己的风格，不管是处于什么水平的运动员都有自己的优点和不足。在比赛时，一定要先运用自己的优点，拿出擅长的战术使对手暴露弱点。所以在比赛中一定要耐心观察，例如，对方如果在正反手击球时出现一边比另一边差的情况，我们就可以多次将球击向其不擅长的方向，使其出现失误等。如果通过观察找到对手的弱点，并且找到可以使对方出现失误的规律，我们就可以发挥自己的长处，克制对方的弱点，掌握比赛的主动权，最终取得胜利。

四、积极主动、勇猛顽强

制订战术时必须要以积极主动为指导思想。在比赛的时候，一定要尽力掌握主动权，打出自己的气势，从而控制比赛节奏。一旦下定决心，就坚决地将比赛打下去。在比分领先时要乘胜前进，在打相持球和处理关键球时一定不能手软，落后时也不要气馁，一定要做到敢打敢拼、勇猛顽强，大胆地实施赛前制定的战术，积极适应赛场变化，争取达到预期的比赛效果。

第二节　网球单打战术

网球单打战术是运动员为了在网球比赛中战胜对手或是为了达到期望的比赛结果而制定的比赛策略和行动，它包含了底线型战术、上网型战术、综合型战术这三种类型。

一、底线型战术

底线型战术是以在底线正、反手击球作为基础，通过击球的速度、旋转、落点的变化来为自己创造进攻机会。它包括了对攻战术、拉攻战术、侧身攻战术、紧逼战术和防守反击战术。

（一）对攻战术

底线型打法的对攻战术就是通过底线正、反拍抽击球所拥有的强大的连续进攻的能力，配合击球速度和落点的变化与对方展开的阵地战，争取首先调动起对手，掌握比赛中的主动权，从而达到攻击对手和控制对方的目的。

（1）利用自己的速度压制对手。

（2）找到并连续攻击对方的弱点，进而压制住对手。

（3）充分调动对方，使其在场地大角度跑动，然后寻找进攻得分的机会。

（4）从底线的两个角度调动对手，然后突然连续打重复落点，之后再寻找机会变线。

（二）拉攻战术

拉攻战术是通过底线正、反手的上旋球，或是正手拉上旋、反手削球，逼迫对方不断左右移动，从而自己寻找空当，给予致命一击的打法。

（1）不给对方上网和底线起拍反击的机会，寻找空当进行突击。

（2）增加对方跑动距离和出现低质量回球的次数，然后准备进攻。

（3）不断逼近对方的反手深区，然后突然变为正手。

（三）侧身攻战术

侧身攻战术是通过强有力的正拍抽击球，配合自己快速、准确的判断和精准的步法移动，在场上利用正拍给对方造成有力的攻击，这种进攻手段常被运用于底线型打法中。

（1）连续使用正拍进行攻击，为自己创造得分机会。

（2）通过正拍进攻，使对方移动，然后用反手控制落点，找机会用正手突然进攻。

（3）全场紧逼攻击对手的反手位，先压制住对手，然后再突击边线正拍。

（4）在用正拍进行攻击的时候，连续打出重复的落点。

（四）紧逼战术

紧逼战术是以快节奏为主进攻对方的方式，也是许多优秀网球选手常使用的进攻战术。

（1）从接发球就开始紧逼向前进攻，给对手的发球造成心理上的压力。

（2）连续攻击对手反手位，然后突击正拍，趁机上网。

（3）紧逼对手底线的两个角，使对手处于被动或者出现回球失误，之后趁机上网。

（五）防守反击战术

防守反击战术要求运动员具有良好的底线控制球的能力，然后发挥自己判断准、反应快、步法灵、体力好、击球准确等特点，不断调动对方，从而达到在防守中找到反攻机会的目的。

（1）如果对手在比赛中运用底线紧逼战术进攻时，可采用在底线正、反手上旋球回击至对方的两个底角深处，不给对手进攻的机会，然后再找机会反攻。

（2）如果对手采用发球上网战术，在接发球时可采用上前借力击球，把球打到对方的脚下或是两边的小角度，之后准备在下一拍反击得分。

（3）如果对方运用的是随球上网战术，就应该找准对方空当，加快击球节奏，如果在打空当有难度的情况下，可以先把球打向对手的身体，降低对手的截球质量，为下一拍创造反击机会，进而得分。

二、上网型战术

运动员在创造上网机会和条件后，对空中来球进行截击，利用球速和落点的变化使对方还击困难，甚至出现失误。上网型战术包括发球上网战术、随球上网战术和接发球上网战术三种。

（一）发球上网战术

发球上网战术是上网型打法的运动员利用发球的力量、旋转、角度进行的主动进攻，先压制住对手，然后再上网抢攻的一种主要战术，是上网型打法的运动员在比赛中的主要得分方式。

1. 战术安排

通过发球压迫对手，或是将对手调动起来，降低对手回球质量，积极上网截击。所以，将发球截击组合在一起并成功得分的关键是控制好发球。

右区发球运用第一发球的力量发出平击球或是强力的上旋球，目标定在对方右区的内角，然后迅速上网，跑到发球线的中线，判断来球方位，将球截击到对方底线正、反手深区，之后随着中场截击逐渐靠近球网，准备在近网处截击球得分（图 4-2-1）。

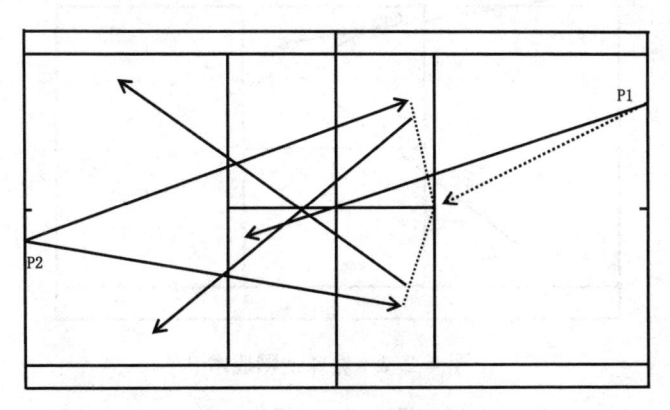

图 4-2-1　发球上网战术 1

右区发球运用第一发球的力量发切削的侧旋球，目标定在对方发球区右区的外角，然后迅速上网，跑到发球中线偏左的位置，封住对手正手打出的直线球，然后把球截至对方反手空当区域（图 4-2-2）。

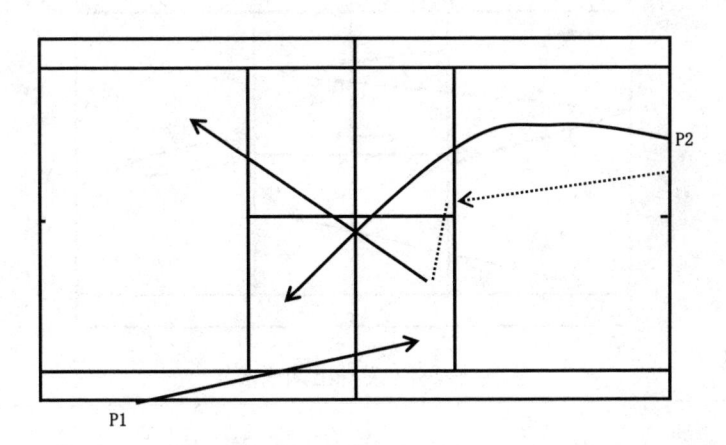

图 4-2-2　发球上网战术 2

左区发球利用第一发球的力量发上旋球，目标定在对方发球区左区的外角，迅速上网，然后跑到发球线偏右的位置，封住对方反手打出的直线球，把球截到对方的正手区域（图 4-2-3）。

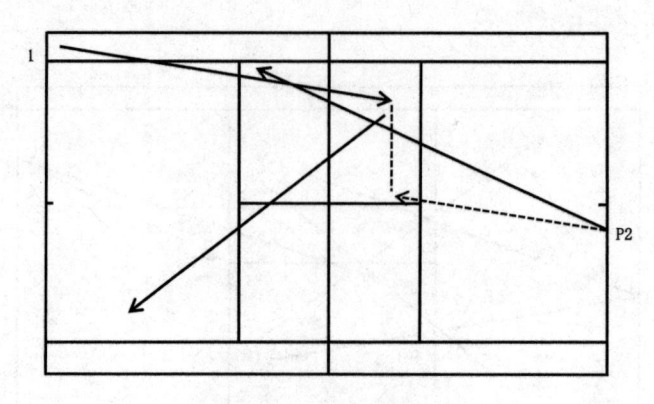

图 4-2-3　发球上网战术 3

在左区运用平击发球或是切削的侧旋发球,将球发在对方左区的内角,上网到中场,迅速判断来球位置,将球截击到对方正、反手底线的深区,然后随球跟进,在近网截击拿下一分(图 4-2-4)。

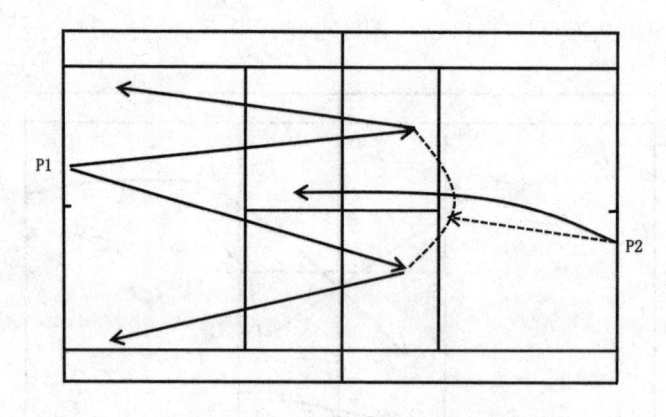

图 4-2-4　发球上网战术 4

2. 注意事项

(1) 发球上网时,要注意重心上升并且击球点要靠前,这样可以方便重心前移和接下来的迅速上网。

(2) 发出强力的上旋球和外角侧旋球是发球上网的最好时机。

(3) 网前要合理取位,这是成功截击的重要作用。

(4) 第一发的命中率要达到 70% 以上,否则不能发挥出发球的威力,并且为上网创造条件。

(5) 一发的落点、旋转一定要有变化,以便破坏对方的接发球节奏。

（6）中场第一截击的质量必须要高，并且还要有一定的深度。

（二）接发球上网战术

接发球上网必须要抢先进入场内，多利用快速多变的手段来进行接发球，尤其是在接对方的第二发球时，要运用抢攻上网或是推切上网，便于充分发挥自己上网型打法的特点。

1. 接右区（平分区）二发上网战术

在接右区外角二发的时候，可以运用正手抽击或者推切球，回击直线上网（图 4-2-5）。

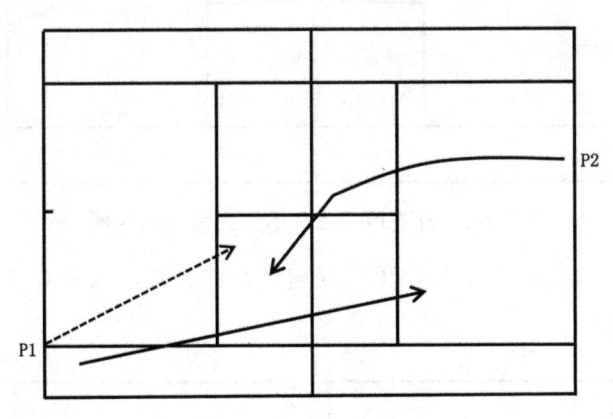

图 4-2-5　接发球上网战术 1

当对手的右区二发发在内角时，可以运用反拍抽击或是推切回击直线球，将球打到对方的反手上网（图 4-2-6）。

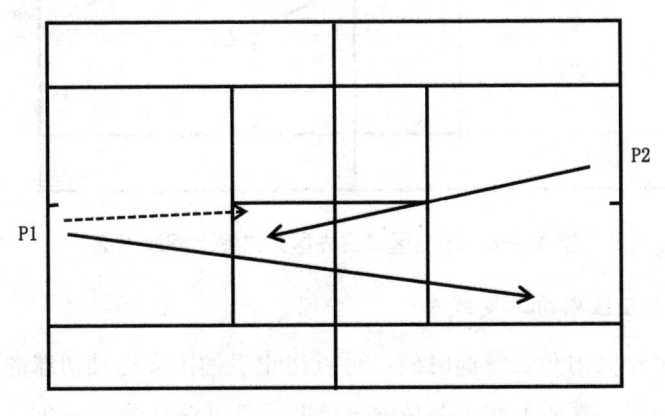

图 4-2-6　接发球上网战术 2

2. 接左区（占先区）二发上网战术

在接左区外角二发的时候，要根据对方的技术情况，运用反手抽击或是推切球，攻击对方弱点上网。一般打直线上网比较好，一是球路短，对方准备的时间短，比较仓促；二是上网后比较容易封住对方的回球角度（图4-2-7）。

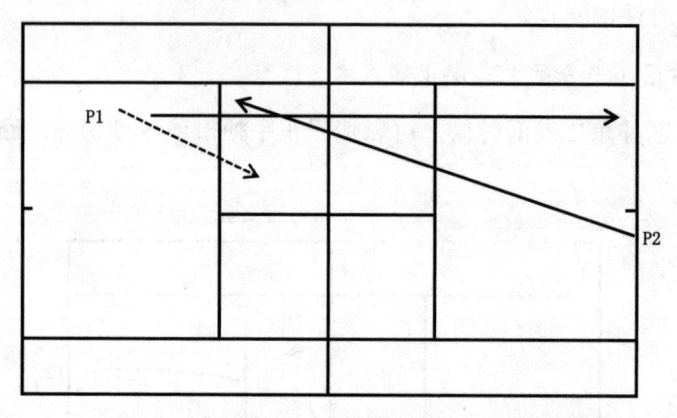

图4-2-7　接左区（占先区）二发上网战术1

如果对方二发的质量不高，可以提前进行侧身攻，回击对方的斜线或直线上网（图4-2-8）。

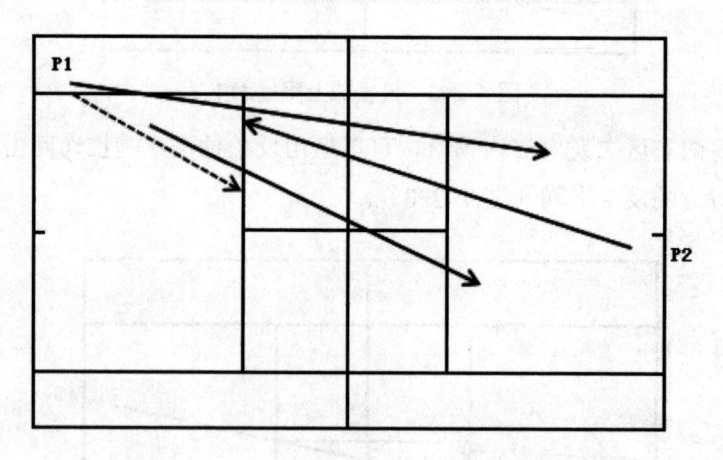

图4-2-8　接左区（占先区）二发上网战术2

3. 接对手左区内角二发战术

在接对手左区内角二发的时候，可以用正手抽击或是推切球的方式，回击对方的左右两点，然后上网，但是球一定要尽量打深（图4-2-9）。

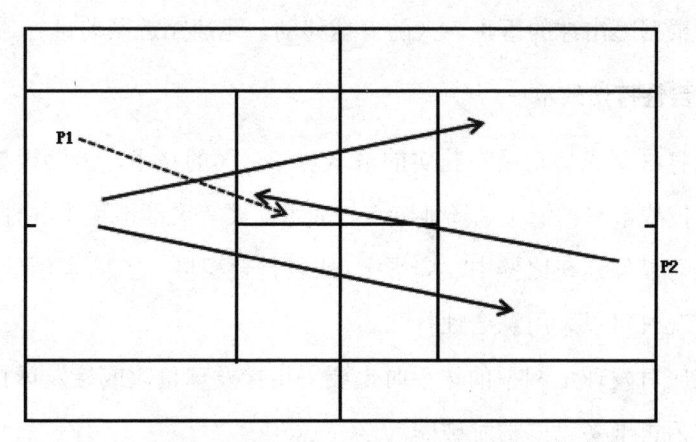

图 4-2-9　接对手左区内角二发战术

4. 用削球接发球后上网战术

利用削球接发球上网时,应该先用反手打出一个落点深的前进直线球,在调动对方之后,迅速上网抢攻,然后将对方的回球截击到另一侧的空当处。要想成功使用这一战术就要尽量将球打深,并且选取恰当的截击位置,而不是用快削来接发球。

(三) 随球上网战术

随球上网战术一般运用在双方在底线对攻相持或对方接发球时。当一方出现质量不高的中场球(在发球线附近的球)时,要果断地利用正、反手抽击或削球,这也是比赛中得分的主要手段。

对于不太擅长发球上网截击且底线能力比较强的运动员来讲,在底线相持时,出现机会后随球上网,然后截击,是一种比较有优势的战术。随球上网的关键是在上网前这一拍必须要有一定的压迫性,或者打出大角度,破坏对手在移动救球时的身体平衡,为截击创造机会。随球上网战术的注意事项有以下几点。

(1) 随球上网一定要果断,步法启动要迅速,要迎上高点击球。

(2) 随击球的成功率一定要高,这样才有利于在网前进攻得分。

(3) 随击球的打法要不断变化,平击、上旋、下旋、推切等要交替使用,从而破坏对手的击球节奏。

（4）要根据随击球的落点，人随着球移动，迅速贴近网前进行封网。

三、综合性打法战术

综合性打法要求运动员有扎实的基本功和全面的技术，能够根据不同的对手、不同的技战术掌握情况、场地特点、战术需要等灵活地使用各种战术打法。综合性打法可以保证在比赛中攻守平衡，比较符合积极、主动、灵活的战术原则。出现以下情况时可以采用综合性打法。

（1）在应对发球上网型的选手时，要采用接发球抢攻或接发球打上网队员的脚下，然后再准备第二拍时破网。

（2）在应对随球上网型的选手时，要采用底线打深球的战术，不能给对手上网的机会，将对手一直压制在底线。如果对方成功随球上网，就要采用两边不同节奏的击球破网或拉上旋过顶高球来进行破网。

（3）在应对底线上旋球打法的选手时，要采用发球上网战术或是随球上网战术，除此之外，还可以用正反手对拉、反手的切削来控制球落点的战术，从而寻找进攻机会。

（4）在应对底线较稳健型的打法的选手时，可以采用发球上网或随球上网及底线紧逼等战术打乱对方的击球节奏。

（5）在应对接发球上网型选手时，一定要提高一发的命中率，不停变换发球落点，控制赛场上的主动权。

第三节　网球双打战术

双打是网球运动中的重要项目。虽然都是网球运动，但是双打和单打的战术特点完全不同，双打的特点主要注重网前，控制了网前的制高点，就会有更多的进攻得分机会。同时，双打对技术和各方面的要求都很高，如运动员发球与接发球的水平、场上的判断反应能力、在网前处理球的能力、进攻及防守反击的能力等。

一、双打比赛的好处

（一）双打比赛对青少年的好处

（1）可以提高运动员全面的打法；

（2）可以提高运动员打网前球的信心；

（3）可以鼓励运动员练习进攻型打法；

（4）给运动员提供了练习更多种打法的机会；

（5）可以提高运动员的接发球能力；

（6）可以提高运动员的反应速度；

（7）可以培养运动员之间的默契程度；

（8）可以提高运动员挑高球的能力；

（9）可以降低运动员的压力；

（10）双打比赛中取得胜利，可以增强运动员在单打比赛中的信心。

（二）双打比赛对职业选手的好处

（1）在团体比赛中，双打一般都是决定胜负的比赛；

（2）可以提供额外的练习时间和更多的奖金；

（3）参加双打正选赛的选手即使没有取得参加单打比赛的资格，同样可以享受比赛期间的免费接待；

（4）双打比赛中战胜排名高的单打选手，可使运动员在单打比赛中增加信心。

二、双打战术的特点

（一）密切协作，默契配合

双打是需要两人默契配合的比赛项目。好的双打配对应该是紧密合作、互创条件、扬长避短、相辅相成的，两人在场上要有呼有应、相互鼓励，就算是没有取得比赛的胜利，两个人的合作过程也应该是愉快、融洽的。

（二）双打与单打的区别

双打与单打在打法和形式上都存在着很多区别。双打是由两人组成的截击为主的有利阵形来完成比赛，单打则是依靠运动员在底线打落地反弹球来完成比赛。单打上网时的防守范围非常宽，相对于双打来说防守比较困难，对手就有机会把球打到脚下或是打出穿越球。单打和双打的具体区别有以下几点。

（1）单打第一发球的力量一般比较大，多采用平击的大力发球，所以命中率较低；双打要求发球上网，所以第一发球的命中率要在75%以上，而且强调落点的位置，所以会采用切削发球或上旋发球这种命中率较高的发球方式，落点选在对手的弱点上，给上网或给同伴截击创造机会。

（2）单打要求尽量把球向场地两角深处打，球过网的高度一般在 1.20～1.53m；双打则要求把球打低些，注重打好落点球，以防备对方的截击。

（3）由于在双打比赛中挑高球、高压球运用得比较多，而单打运用较少，所以，双打运动员更加注重练习截击和高压球技术。

（4）双打比赛时常会出现双方4人同时上网的情况，距离近，回合激烈。由于球速快，所以也要求运动员的反应必须要快，动作迅速，判断准确。双打中也可以采用二打一的战术，多攻对方实力较弱的选手。

（5）在双打比赛中，两个人的优缺点是可以互补的；而单打比赛只能靠一己之力来克服自身的弱点。

三、网球双打的站位

（一）发球局的站位

发球局站位要将"以我为主、以攻为主"作为指导思想，两人在位置上的选择要利于发球局的战术，在比赛过程中不断观察对方技战术情况，再做详细调整。

1. 常规站位

（1）右区发球站位

右区发球时发球员A应站在底线中点与双打边线的中间或是稍向右偏20～30cm的位置（图4-3-1），同伴B站在左侧网前，距网2～3m，并在左侧双打边线和发球区中线之间的位置上，B的站位主要是为了保护边区，同时兼顾中路的原则。对方 C 看到这样的发球局阵势会认为,网前的 B 已经做好抢网进攻的准备,这一球不但要接好,还要注意避开 B 的抢攻。

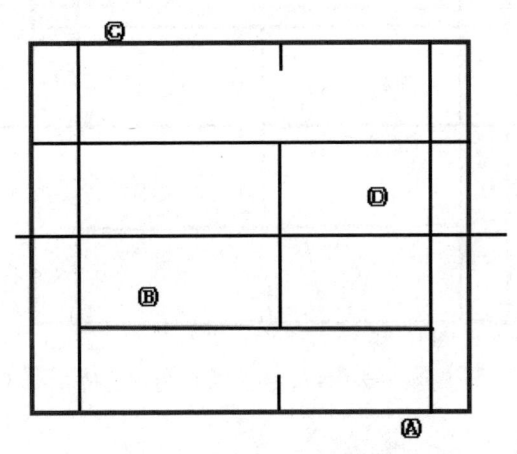

图 4-3-1　常规站位 右区发球站位

右区发球时,发球员 A 的站位需要考虑以下几点:

①发球后上网要占据右区半场进攻的有利位置,可以和同伴 B 在网前封住接发球的角度,从而在网前进攻。

②发球员 A 的站位要使发球落点更加灵活,既可以将球发至边区外角拉开对方,也可以攻击对方中路内角,发球的落点多变对双打战术也非常重要。

③发球员 A 与网前的同伴 B 要保持合理的距离,就算是出现战术变化需要抢网交叉换位的情况,A 向左前跑动距离也比较合适。

(2)左区发球站位

左区发球时,发球员 A 应站在左区双打边线和中点之间稍微偏左的位置上(图 4-3-2),这样可以更有利地发出外角球,从而拉开对方,就算站位再向左移动也不影响向对方中区内角发球。和右区发球站位一样,同伴 B 在网前的右区,距网 2～3m,在中线与右侧双打边线之间,确保右侧不被直线穿越,同时还要兼顾中路,并且要与发球员 A 在网前默契配合。

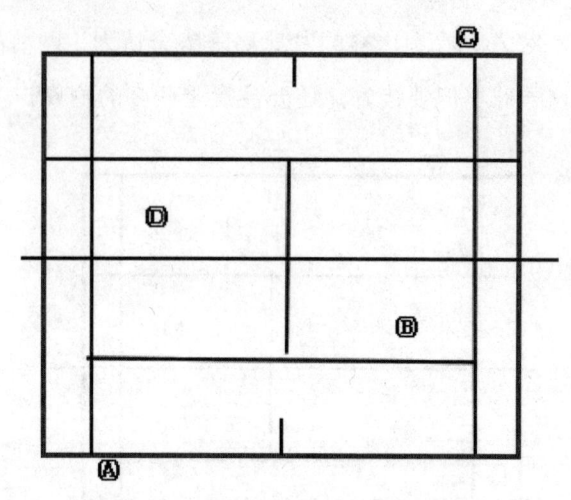

图 4-3-2 常规站位 左区发球站位

2. 非常规站位

（1）右区发球站位

如果在右区发球时观察到接球员 C 比较擅长回击小斜线球（图 4-3-3①），由于接回的球特别斜，不仅网前同伴 B 无法成功抢截，在发球员 A 冲上网后也很难成功处理，造成自己网前的被动，那么就要调整到如图 4-3-3②所示的同侧站位的方法。

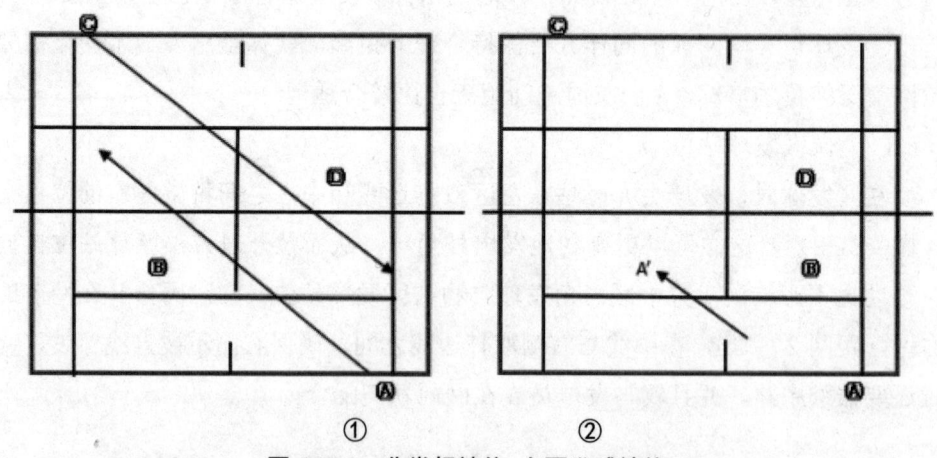

图 4-3-3 非常规站位 右区发球站位

这种站位会使对方认为斜线球接发球行不通，只能回击直线球，发球员 A 为了方便上网封住左半区，应该站在接近中点的右侧底线后。发球后跑到 A′，与网前的同伴 B 一起进行网前的攻击。球员 B 在网前的站位主要是为了封住回击的斜线，并且可以适当地向中区调整，和发球后上网的 A 在网前一起截击对方的回球。这种同侧站位最先由擅长双打的澳大利亚球员使用，所以又被称为澳式双打站位。

（2）左区发球的站位

左区发球站位与右区情况相同，只是方向相反（图 4-3-4①），只能改变为左区的同侧站位来封堵小斜线的接发球（图 4-3-4②），球员 B 将站位换到网前的左侧，与发球员 A 同在左场区，发球员 A 向右移至中点附近，便于发球后上网可以封住对方的接发球。这样的站位令 C 球员只能打出直线为主的回击。

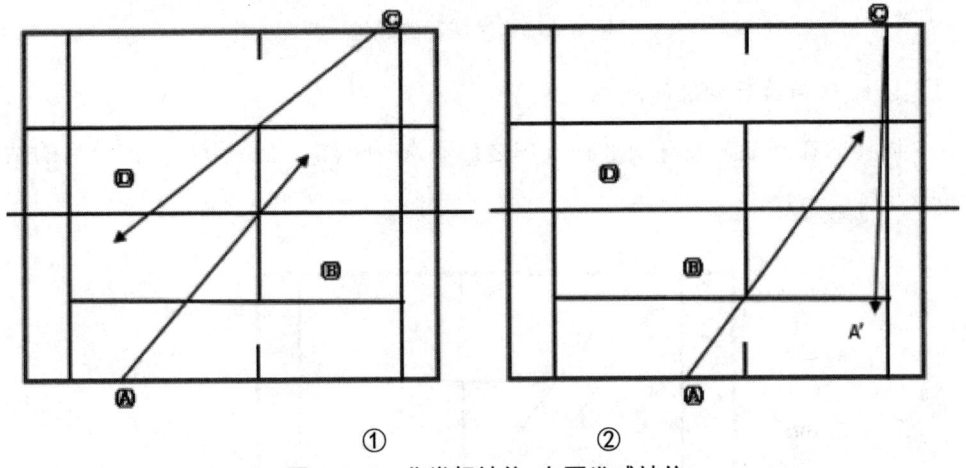

①　　　　　　　　②

图 4-3-4　非常规站位　左区发球站位

（二）发球局的战位

在双打比赛中，除了速度和力量可以表现发球的攻击力，准确、多变的落点和同伴在网前的抢攻同样会给本方带来很大的进攻优势。不管右区站位还是左区站位，靠近底线中点向对方发球区内角发球，使对方的接发球打不出大角度（图 4-3-5①），都为网前同伴的抢网创造了条件。与这种站位相反，靠近底线的两侧，甚至是靠近单打的边线，可以把球发向外角。如果能够再加上些侧外旋，球的落点就可以更斜，以至于把对方拉出场外回击，然后在中间出现空当（图 4-3-5②）。

—85—

① ②

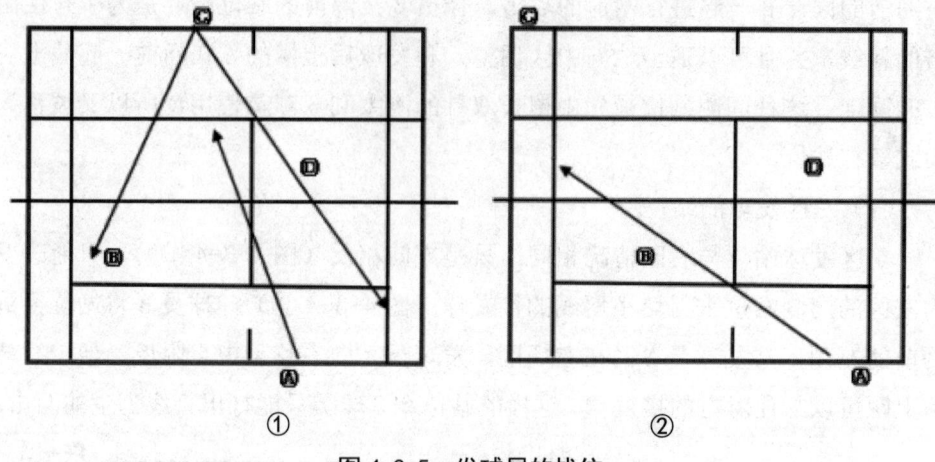

图 4-3-5 发球局的战位

1. 发球局前后站位的战术

同伴 B 在网前，发球员 A 在发球之后不选择上网，而是形成一前一后的站位（图 4-3-6）。

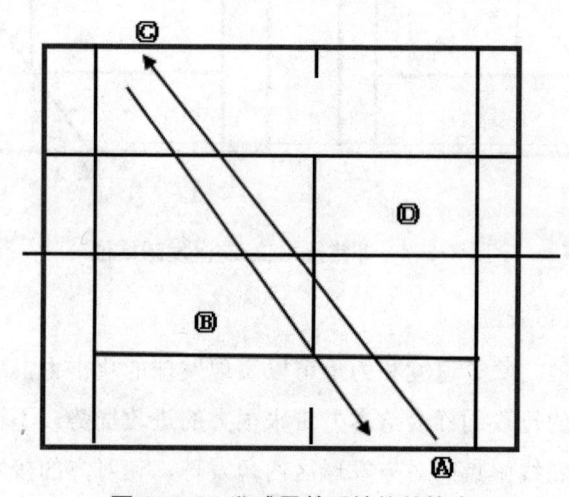

图 4-3-6 发球局前后站位的战术

2. 一般抢网

判断来球的方向后，球员 B 跑到球网中央附近，回击后再回到原来的站位准备，回击的球一般击向球员 C、D 两人的中间或接发球员同伴 D 的脚下（图 4-3-7）。

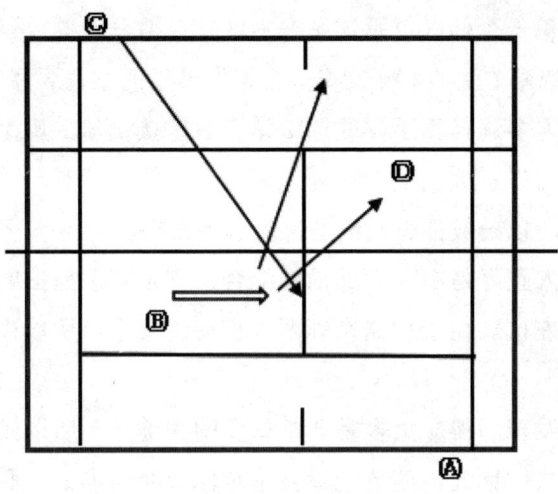

图 4-3-7　一般抢网

3. 全换位抢网

网前球员 B 抢网之后迅速与发球员 A 交叉换位，原先左区的球员 B 换至右区，右区的发球员 A 移到左区（图 4-3-8）。这种抢网需要迅速果断、两人配合默契，网前的球员 B 大多在背后给发球员 A 做手势，提醒 A 即将采用换位抢网战术。

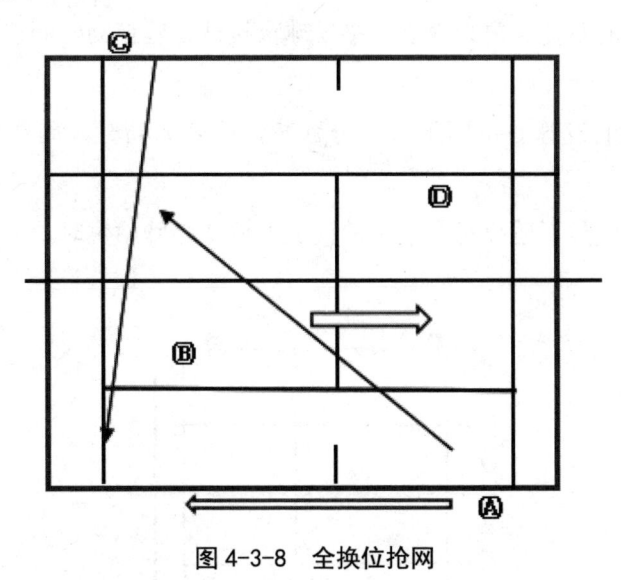

图 4-3-8　全换位抢网

（三）接发球局的站位

在双打比赛中接发球员的站位在一盘中是不可以更换的。所以在双打比赛中接发球配合的第一个问题就是谁站在右区接单数分发球，谁站在左区接双数分发球，什么样的站位更有利于得分。在接发球局的站位要注意以下三个方面。

（1）接发球方多选择正手强的选手站在右区接发球，反手强的选手站在左区接发球，这样可以扩大两侧的防守范围，当中路来球时，由于左侧站位的选手是正手击球，所以一般都有左侧站位的选手回击。

（2）如果两人正好是右左手握拍的配合，则是右手握拍的选手在右区，左手握拍的选手在左区。由于中路来球两人都使用反手，所以需要事先商量由谁来击球。

（3）左区接发球的得分大多是非常重要的关键分，所以接发球的好坏对比赛胜负的影响很大，因此，应该选择技术全面、经验丰富、心理素质好的选手作为左区的接发球员。

（四）接发球局的站位配合

1. 双底线站位

接发球员 C 在接发球的同时，同伴 D 在另一侧底线（图 4-3-9）。双底线站位的使用战术为以下几点。

（1）对方的发球攻击力很强，接发球员接球比较被动，同伴退下来配合比较有利。

（2）对方的发球与抢网配合十分默契，得分率高时，同伴可退下来共同防守。

（3）接发球员不适应对方采用的同侧站位或特殊站位时，同伴亦可退下来共同防守。

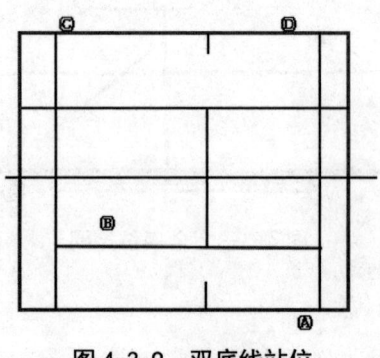

图 4-3-9　双底线站位

2. 一前一后站位

一前一后的站位是比较常见的接发球站位方法。接发球员 C 在底线接球，同伴 D 站在另一侧的发球线准备（图 4-3-10），这种站位的运用情况分为以下两种。

（1）接对方的第二发球。

（2）准备抢攻。

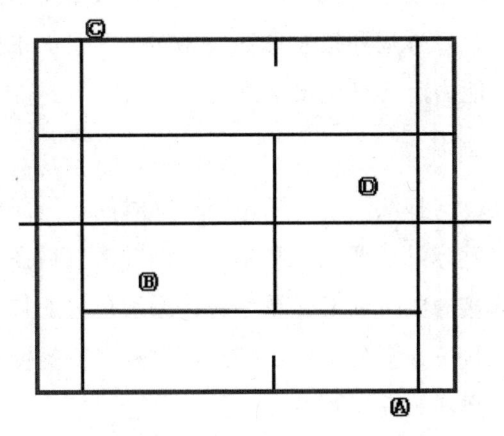

图 4-3-10　一前一后站位

四、双打战术的发展趋势

（一）发球局坚决运用双上网抢攻战术

目前，世界上高水平的双打发球局战术都会运用双上网抢攻战术，女子双打和混合双打也是一样。如果发球员不上网或上网慢，就很可能被接发球者抢攻，从而处于被动失去网前的优势。

发球员掌握好发球技术才能够保证发球局网前抢攻的优势，双打比赛中发球的攻击力不仅表现在力量、落点和旋转变化上，只要与同伴可以做到默契的配合，也是可以达到主动得分的目的。一般在双打比赛中都会要求第一发球的命中率在 80% 左右，然后第二发球在力量不减的情况下，增加旋转和更加精准的落点位置，为接下来的上网抢攻提供更好的条件。

发球局的网前逼抢一定要有力度。将强有力的发球与网前截击配合在一起，就有很大可能保住自己的发球局。在高水平的双打比赛中，这种网前逼抢是重要的标志，为了保证优势地位，即使是在"抢七"这种短盘的决胜局中，发球分也绝对不能轻易丢失。

(二) 接发球局的战术新特点

1. 接发球局的抢攻意识明显提高

如果不给予发球方强有力的反击,并且主动创造条件上网进攻,就很难打破对方的发球局,在比赛中即使可以保证自己的每个发球局取胜,但是不能击破对方的发球局,还是不能取得比赛的胜利。双打战术要求两名运动员都要攻守兼备或是能攻善守,发球局和接发球局要相对平衡,如果接发球局太弱,并且缺乏反攻的意识和能力,其竞技水平就无法达到一个更高的层次。

2. 接发球局战术新特点

(1) 接发球的站位与打法:为了缩短回球的时间,进而破坏发球方的双上网抢攻战术,双打接发球站位要比单打站位更向前,然后在接第二发球时更要有紧逼抢攻的势头。接球的时候要轻重结合,增加自己的打法和落点的变化,使对方很难判断自己接下来会使用什么打法。这种多变的接球方法和默契的配合,会使接发球具有强烈的反攻效果。

(2) 接发球同伴抢网凶狠:接发球的同伴一般都会站在接球员另一侧的发球线附近,如果接发球成功造成了对方的被动,同伴就要迅速抢网进攻,将场上局面由被动变为主动。在过去的比赛中,发球方的网前队员会在背后用手势给发球员传达抢网的信号,如今接发球员同伴在中场也会同样暗示给接球员,进而达到配合抢攻的最终目的。现代高水平双打战术最显著的变化就是双上网抢攻战术从发球局发展到了接发球局。

(3) 接发球抢攻成功可迫使发球方被动:及时抢占网前有利的进攻点进行反扑,运用快速的网前截击和准确的落点决定网前的优势,如果顺利完成抢攻则完全可以击破对方的发球局。

(三) 双打网前的争夺愈加激烈

在双上网时,两人需要保护的场地宽度比单打窄1/3还多。谁能够抢占网前的有利位置,谁就可以把握场上的主动权。所以发球—接发球、截击球—破网技术、高压球—挑高球等相互对抗及其相关技术成了双打战术的训练基础。如果运动员的技术不够精湛,或是两人的配合不够默契,就不可能完成双打网前战术。与单打战术相比，双打的发球与接发球的特点不同，底线正、反拍抽击技术的使用率也减少了，反而是网前技术（包括中近场截击、反弹球、高压球）和破网反击技术（包括破网和挑高球）变得很重要。

（四）高难技术在双打战术中起着决定性的作用

在双打比赛中，常会出现4人在网前短兵相接的情况，这时的击球节奏会非常快，所以对击球的应变能力和难度的要求都会比单打高。由于双打的场区比单打更宽，击球的角度也就更大，所以在场区外回击球的机会增多。而像大力旋转发球、变化多端的接发球、快速的网前截击、强上旋破网和挑高球、中场的低截击和反弹球、近网截击对攻和变化的截击挑高球等这些在单打比赛中很少会运用到的技术，在双打比赛中会经常运用。正是这些为了应对快速对抗的高难技术组成的快速进攻的双打战术，以及强有力的发球攻势带动着接发球技术的提高，将网球双打的技术水平推向了前所未有的高度。

第四节　各类打法的影响因素

一、身体形态

网球是一种速度与力量相结合的运动项目，而运动员的身体形态对速度和力量有着很大的影响。一般身材高大、体态匀称是很多运动项目包括网球运动员的重要选择标准。欧美运动员的发球速度普遍要比亚洲运动员快，除了技术不同的原因以外，欧美运动员身材普遍比较高大也是很重要的一个因素。在网球运动中，可以根据自己身体的形态来选择适合自己的打法。例如，一般身材高大的运动员都比较适合上网型打法，其优势有：①发球较好，可以利于使用发球上网的抢攻战术；②腿和臂展都比较长，上网后可控的空间范围比较大，有利于回击空中的来球。

二、身体素质

网球运动员必备的身体素质有速度、力量、灵敏和耐力，由于不同运动员的侧重点与身体素质的优势不同，所以要根据其自身的身体素质条件进行分析，然后选择合适的打法。一般行动灵敏、速度快的运动员都比较适合上网型打法，因为上网后的近战需要运动员具备快速的反应、准确的判断和灵巧的动作才能处理好对方的来球，并且可以很好地利用借力还击的方式。由于这样的回击方式所需要的力量较小，所以力量素质对于这种类型的运动员来说并不是很重要。而底线型选手则需要具备很好的力量及速度、耐力，因为底线击球一定要有很好的力量素质，才能够打出极其有力的破网球和速度快、旋转强的大角度球；除此之外，在场上的判断、起动、移动也要快，才能够保证击球的命中率；由于一般的网球比赛都会连续进行好几个小时，如果运动员没有很好的耐力素质，是不可能完成比赛的。所以，运动员的身体素质也影响着其打法的选择。

三、教育、训练、意向等因素

（一）运动员的培养、训练程度

一名运动员一定要具有各种类型打法必备的技术水平、战术水平及专项意识水平，才可以形成自己的打法，而平时的训练、培养程度就决定了这些水平的获得，所以不同的培养和训练水平也会影响其打法的形成。我们可以通过以下两种途径来培养和训练不同的打法：①在刚开始的基础训练阶段，要有目的地针对某一种打法进行培养与训练；②在全面提高的阶段建立起各自类型的打法。

在各种影响培养训练程度的因素中，教练员所产生的影响是最重要的。教练员要充分了解运动员的训练及身体情况，根据不同的训练阶段和不同的身体条件，为运动员安排有目的、有计划的科学训练，然后根据制定的计划对运动员进行该类型打法的培养，这种培养对运动员的成长和发展起着至关重要的作用。

（二）运动员的教育程度

1. 思想教育

对于网球运动员的思想教育不仅仅局限于对人生观的教育，同时还要提高运动员的思想素质水平，使其建立坚定的事业心和自信心；逐渐引导运动员正确认识并处理好失败与胜利、先进与落后、局部与全局、快与慢等辩证关系；培养自我分析评价的能力；辩证分析不同类型的打法，培养运动员积极向上、追求卓越的精神。

2. 文化教育

运动员除了要掌握实践技能，还要掌握必要的科学文化知识，这样可以提高运动员分析问题和解决问题的能力，并且对加速打法的形成也有着直接的关系。

3. 网球专项知识教育

进行网球专项知识教育可以提高运动员的技战术水平，是形成自己打法的必经之路。网球专项知识的教育不仅可以大大提高网球的技术水平，还对运动员打法的形成起到重要的促进作用。

（三）运动员的意向

运动员才是运动训练的主体，一名运动员自身的内在因素决定了他能否成功。所以，运动员打法的形成会受到运动员本人意向的制约。只有当教练员的设计想法和运动员的意向一致的时候，才能保障打法的形成。

四、运动员的技术特点

只有拥有熟练的技术才能够保证自己形成不同类型的打法，而运动员的技术特点就是指其技术掌握的程度，如技术全面的运动员、有特长的运动员等，都有其自身的特点，也是看出运动员是否形成某种类型打法的重要依据。而训练程度又决定了其技术特点，所以，如果没有一定训练程度的运动员其技术特点也很难突现。

五、运动员的神经类型

运动员个性心理特征的重要标志是他的神经类型，这也是影响网球运动员不同类型打法形成的一个很重要的因素。结合对羽毛球运动员的训练经验，我们可以认为胆汁质型运动员都比较适合上网型打法；多血质型运动员大多头脑灵活、思维敏捷、控制能力强、变化快，所以适合综合型打法；而注意力集中、反应快、情绪比较稳定的黏液质型运动员则比较适合稳重的底线型打法。

第五章 网球体能训练

第一节 网球体能训练构成

根据网球项目的特征和青少年身心发展的规律和身体素质发展的敏感期等特点，可以把青少年网球运动员的体能构成要素分为三类：A类核心要素、B类重要要素和C类辅助要素（图5-1-1）。

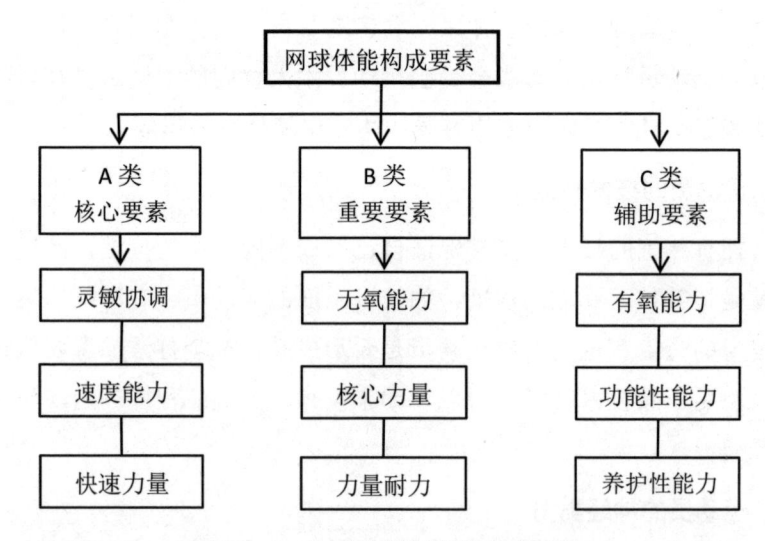

```
             网球体能构成要素
        ┌─────────┼─────────┐
      A类         B类         C类
    核心要素    重要要素    辅助要素
       │          │          │
     灵敏协调   无氧能力    有氧能力
       │          │          │
     速度能力   核心力量    功能性能力
       │          │          │
     快速力量   力量耐力    养护性能力
```

图 5-1-1　网球体能训练的构成要素

灵敏协调能力不仅反映了网球运动员是否将力量、速度、耐力等身体素质精准、流畅、平衡、合理地运用在专项技术训练和比赛中，而且可以帮助运动员有效地参加训练和比赛，同时，也有利于在比赛中释放专项力量和表现专项技术。

运动员的速度能力主要在中枢神经系统对肌肉工作的协调支配和精准控制中体现出来，这不仅需要运动员单纯地锻炼自己的动作速度和移动速度，更重要的是可以将动作速度和移动速度与网球的专项技术特点紧密结合在一起。当运动员的速度与协调性和柔韧性达到最佳的结合状态时，那么运动员的灵敏速度也一定会表现得非常突出。因此，网球运动员想要提升自己的竞技能力就一定要具备灵敏速度，而灵敏速度也是构成网球运动员体能的核心要素之一。

网球是一项快速力量的运动项目，因此，网球运动员需要具备极强的快速力量与核心力量。如果具备快速力量，就可以为运动员的急起、急停、急转、加速及击发球速度等提供力量上的支撑；而具备核心力量，则可以为其在运动过程中构建运动链和稳定身体的重心创造一定的条件，而且还可以通过主动发力与已经掌握的网球击发球技术相对接。而功能性能力在网球运动的体能构成要素中只起到辅助作用，是网球运动员需要具备的基础运动的能力。

从能量代谢的角度来看，网球运动以有氧代谢供能、无氧代谢供能和有氧无氧混合代谢供能为主要的供能形式，其中运动员的能量供应以有氧代谢为基础，无氧代谢为核心，同时网球运动员还应具备较强的爆发性力量耐力和灵敏协调性耐力。在一场网球比赛中，运动员大概要在场上快速来回跑动300~500次以上，而除去跑动的时间，实际打球的时间只占比赛使用时间的10%~30%。在比赛的过程中，磷酸原系统供能大约占各能量代谢系统的70%，糖酵解系统占20%，有氧能系统则占10%。整场比赛的活球期以无氧代谢供能为主，在短时间的回合里以无氧磷酸原供能为主，如果对抗激烈、回合较多时（超过10s的回合），糖酵解系统也会参与供能，比赛间歇期则以有氧代谢供能为主。学者里奇斯（Richers）的研究证明：在草地球场上，球速最快，运动员消耗的能量有80%是非乳酸能（ATP-PC）系统、其他的20%是无氧乳酸系统和有氧系统分别占一半；在硬地球场上，球速适中，运动员所消耗的能量有75%是ATP-PC系统、无氧乳酸系统占15%、有氧系统占剩余的10%；在红土场地上，球速最慢，运动员所消耗的能量中，ATP-PC系统占70%、无氧乳酸系统则占20%、有氧系统与硬地球场相同占10%。

第二节　网球体能训练阶段

网球体能训练的内容和训练时间要根据不同年龄阶段或组别所具有的不同的身体素质和身心发展特点来制定。由于运动员的生长发育规律、身体素质的敏感期和网球训练的不同特点，网球运动员的训练阶段被大致分为基础训练阶段、学习训练阶段、常规训练阶段、赛前训练阶段和针对性训练阶段五个阶段，在不同的阶段，安排的体能训练任务、内容和训练时间都不一样。

一、基础训练阶段

基础训练阶段是网球运动员打基础的阶段（也称为启蒙训练阶段）。这一阶段的体能训练，主要是针对各种身体素质发展的敏感期进行的训练，从而最大限度地发展各种相关的身体素质，同时还要重视协调能力、专项灵敏和关节养护等训练，技术和体能训练的比例应该为3∶7。

网球运动员的柔韧性、一般协调能力、快速力量、动作速度和位移速度等身体素质的发展在训练初期时处于敏感期。在这一时期的训练，可以注重加强对运动员中枢神经系统的训练，例如，安排3次10～25m的反复跑练习，进而提高其速度能力。除此之外，还要进行侧向移动速度、变向移动速度、多向运动速度、灵敏速度及动作速度等能力的训练。力量训练可以加入日常训练中，运动员除了进行徒手快速力量训练，还可以增加运动员基础力量、核心力量和关节养护性力量等训练。在这一时期通过训练，运动员的有氧系统很容易得到提高，但是有氧训练应该通过游戏或娱乐的形式进行，并且应该保持经常进行。

体能训练的主要内容、方法和手段包括：①通过不同游戏或娱乐的方式对身体柔韧性进行练习；②各种跑法的练习；③跳绳练习；④传（抛）接球的练习；⑤基础力量训练；⑥平衡能力的练习；⑦速度灵敏训练等。

（一）柔韧性练习

（1）练习目的：提高运动员身体的一般和专项运动柔韧性。

（2）练习场地：网球场或空旷的游戏区。

（3）练习方法：通过不同的游戏或娱乐方式进行身体柔韧性训练。

（4）练习要求：每项练习时间不少于10s，练习的持续时间为5～10min。

（二）跑动练习

（1）练习目的：提高运动员跑的基本技能。

（2）练习场地：网球场或空旷的游戏区。

（3）练习方法：刚开始练习时可以先进行无摆臂跑动，之后再逐渐过渡到正确的摆臂跑动，可以通过综合或是接力游戏等方式进行。

（4）练习要求：每项练习时间少于5s，练习的持续时间为10～15min。

（三）跳绳动作练习（徒手）

(1) 练习目的：提高运动员的移动步法、协调性、灵活性、节奏感和平衡能力。

(2) 练习场地：网球场或空旷的游戏区。

(3) 练习方法：进行纵向跳练习时可先进行不摆臂，放松匀速的进行纵向跳练习，之后再加上摆臂助力纵向跳练习和高抬腿纵向跳练习。进行侧向跳练习时，可以先按节奏进行侧向跳练习，然后做变换节奏侧向跳练习，之后再加上侧向跳拍手加转体动作的练习。

(4) 练习要求：每项练习时间少于 $5\sim7s$，练习的持续时间为 $5\sim10min$。

（四）跳绳练习

(1) 练习目的：提高运动员的腿部力量、弹跳力、协调性、灵活性、节奏感、平衡能力和有氧耐力。

(2) 练习场地：网球场或空旷的游戏区，练习器材是跳绳。

(3) 练习方法：放松并且匀速地跳 $25\sim100$ 次。

(4) 练习要求：要连续跳 $25\sim100$ 次，练习时间是 $2\sim5min$。

（五）传（抛）接球练习

(1) 练习目的：提高运动员的心理素质、手眼协调性、身体节奏感和空间感。

(2) 练习场地：网球场或空旷的游戏区，练习器材为小篮球、足球、排球、实心球等。

(3) 练习方法：在网球场或者游戏区练习各种方向的传接球，刚开始可以先进行原地传接球的练习，然后渐渐结合不同的步法移动进行各种变化方向和难度的传接球练习。例如，两人一组进行原地或是滑步的实心球胸前平抛、头上平抛、单手绕体前抛等。

(4) 练习要求：每次传接球时间不少于 $20s$，练习时间是 $5\sim10min$。

（六）基础力量练习

(1) 练习目的：提高运动员的身体基础力量和躯干的控制能力。

(2) 练习场地：网球场或空旷的游戏区，练习器材是瑜伽垫、瑞士球、实心球。

（3）练习方法：可根据不同运动员的需要进行蛇形步、弓步蹲、前后弓步走、侧向弓步蹲起或走、前后摆髋走、蟹行步、爬行步、弹跳步、分腿跳、跨步跳、单足跳及双足（或单足）六边形跳等练习。练习时，还能够通过瑜伽垫、瑞士球或实心球等小器械进行各种基本练习动作下的抛接和核心稳定等练习。

（4）练习要求：每项练习时间少于 10～15s，练习时间为 5～10min。

（七）平衡能力练习

（1）练习目的：提高运动员的平衡能力和功能性力量水平。

（2）练习场地：网球场或空旷的游戏区，练习器材是沙袋、横木、跷跷板、平衡盘、实心球、网球、铁饼等。

（3）练习方法：利用上述器材在破坏身体平衡的情况下进行控制平衡能力的练习。例如，单（双）手持沙袋在平衡木、平衡盘等器械上行走。

（4）练习要求：每项练习时间不少于 10s，练习时间为 5～10min。

（八）速度灵敏练习

（1）练习目的：提高运动员移动步法和腿的跑动速度以及变向能力。

（2）练习场地：网球场或空旷的游戏区，使用器材是标志桶、小栏架、绳梯等。

（3）练习方法：通过标志桶、小栏架、绳梯等小器械的组合摆放，组织运动员进行各种灵敏协调性的变向跑动练习。

（4）练习要求：每项练习时间不少于 10～15s，练习时间为 5～10min。

二、学习训练阶段

学习训练阶段是网球运动学习最重要的时期之一，是学习和发展各种基本运动技能的敏感时期，又叫作"技术敏感期"。这一阶段的体能训练应该多结合其他运动项目一起进行，网球技术的训练和体能训练的比例应为 1∶1，这个时期的运动员需要用大量的时间进行训练，而不是比赛，训练时间和比赛时间的比例应该是 7∶3，训练课的时长可以设置为 1～2h，每周 7～9 节训练课。

学习训练阶段是网球运动员提高运动能力最重要的阶段。如果运动员的基本运动技能在这个阶段没有得到训练，即使以后为其安排十分周密的补救训练计划，得到的效果也不会很好，也不能完全掌握这些技能。

这一阶段的协调性和灵敏性练习比上一阶段更加复杂，同时也需将网球专项技术和移动步法训练密切组合起来。进行速度训练时，可根据运动员自身条件安排10～25m距离不等的反复跑练习、侧向移动练习、变向加速跑练习等，从而锻炼和提高运动员的反应速度、直线移动速度、侧向移动速度、变向移动速度、灵敏速度、起动加速、急停变向等运动能力。进行力量训练时，除了要继续保持基础力量、核心力量和关节养护性力量训练以外，还要加强起动力量、爆发力、制动力量和反应力量的训练强度。这一阶段的力量训练要以徒手训练或小负荷训练为主，有氧耐力训练可以通过不同项目、游戏、接力等形式进行，还可进行多次折返跑的练习，灵敏耐力训练则可以结合移动步法或卫星灵敏训练仪进行训练。

（一）动力性伸展练习

动力性伸展练习是以动态牵拉的形式，激活运动的神经和肌肉，从而达到锻炼身体柔韧性的练习方法，它包括爆发式的弹跳练习等。动力性伸展练习一般用于训练或是比赛之前，可以有效地激活网球专项运动的肌肉神经系统，为接下来的训练和比赛做准备。

（二）静力性伸展练习

静力性伸展用以缓解肌肉酸痛的促进恢复，并且也是提高身体柔韧性的方法，通常用于训练或比赛结束之后。静力性伸展可以通过运动员自己或是同伴协助下进行，一般进行两组伸展练习即可。第一组伸展姿势只需保持20～30s，第二组可以逐渐增加伸展幅度。

（三）原地抛接球练习

（1）练习目的：提高运动员的反应速度、起动能力和身体灵活性，同时还可以学习原地抛接球技术。

（2）练习场地：网球场或空旷的游戏区，练习器材是网球、弹跳球、变向球等。

（3）练习方法：教练员要无规则地向不同方向抛出球，并且要求运动员在球回弹两次之前接住球，然后抛回给教练员。

（4）练习要求：每组练习6～10次，练习2～3组，每组之间休息1.5min。

（四）移动抛接球练习

（1）练习目的：提高运动员的反应速度、起动能力、移动速度和身体灵活性，同时也可以学习移动抛接球技术。

（2）练习场地：网球场或空旷的游戏区，练习器材是网球若干。

（3）练习方法：两名队员站在同一个发球区内。其中一个人把一个网球抛入发球区，另一个人必须在球回弹两次之前抓住它，并且立即把网球抛回给同伴，要求同伴也必须在球回弹两次之前接住，一直反复练习到每个队员接住6～10个球。

（4）练习要求：每次练习6～10次，练习2～3组，每组之间休息1.5min。

（五）球场冲刺对抗练习

（1）练习目的：提高运动员的反应速度和起跑能力，还能够学习起动技术。

（2）练习场地：网球场。

（3）练习方法：①将双打线之间的距离作为冲刺对抗距离。一个人背对着终点线站在起点线（双打线）后，另一个人与其相距1m的地方面对面站立。背对终点线的人决定起动时间，并且要尽量在另一个人碰到他之前跑过终点线，同样的方法，两人交替进行。②两人都面向终点线，一个人站在单打线后面，另一个人站在他右面1m处的双打线后面，由双打线后面的队员决定起动时间，第一个冲过终点线的人获胜。

（4）练习要求：练习4～5次，练习2～3组，每组之间休息1.5min，组内休息30s。

（六）绳梯+小栏架练习

（1）练习目的：提高运动员的灵敏协调能力、平衡能力、基础力量水平的同时学习跑、跳技术。

（2）练习场地：网球场或空旷的游戏区，练习器材是绳梯和小栏架。

（3）练习方法：在绳梯或小栏架间隙进行不同方向和要求的跳跃、跨步、高抬腿等练习，或是练习前、后、左、右方向的快速移动。绳梯和小栏架可以单独使用，也可以组合起来使用。

（4）练习要求：练习3～5项内容，练习2～3组，每组之间休息1.5min，组内休息时间为20s。

（七）场上灵敏跑练习

（1）练习目的：改进运动员跑的技术，还可以提高跑动中变向、变速的能力。

（2）练习场地：网球场或空旷的游戏区，练习器材是标志桶等。

（3）练习方法：在场地内摆放标志桶，练习具有起动加速、制动急停、变向再加速等速度灵敏能力的跑动路线。

（4）练习要求：练习4～5次，练习2～3组，每组之间休息1.5min，组内休息时间为20～30s。

（八）核心稳定性练习

（1）练习目的：提高运动员核心稳定性和核心区肌群力量。

（2）练习场地：网球场或空旷的游戏区，练习器械是瑜伽垫和秒表。

（3）练习方法：根据不同运动员的需要进行腹桥、背桥、侧桥支撑等稳定性练习。通过练习情况，可以逐渐增加练习的难度，也可根据运动员需要进行肢体动态移动的练习。

（4）练习要求：练习10～30s，练习2～3组，每组之间休息30～90s。

（九）俯卧三夹紧

（1）练习目的：提高运动员的背部肌群和核心肌群力量。

（2）练习场地：网球场或空旷的游戏区，练习器材是瑜伽垫和秒表。

（3）练习方法：俯卧在瑜伽垫上，双臂曲臂向后抬起，使自己的肩胛骨夹紧，同时臀部也用力夹紧、双腿用力夹紧向上抬起，用腹部作为支撑，形成"俯卧三夹紧"的姿势，并保持正常呼吸。

（4）练习要求：练习5～15s，练习2～3组，每组之间休息1.5～2min。

（十）抛实心球练习

（1）练习目的：锻炼运动员上肢力量和击球专门性力量，并且学习正反手抛球技术。

（2）练习场地：网球场或空旷的游戏区，练习器材是实心球。

（3）练习方法：两人一组（或对墙抛球练习）。运动员双手持球将球用力以胸前平抛、头上平抛、正手、反手、发球姿势前抛等不同方式将球抛给同伴，同伴接住后再以同样的方式抛回来。可以在原地练习，也可以在行进间练习。

（4）练习要求：练习8～10次，练习2～3组，每组之间休息1.5～2min。

（十一）弓步蹲练习

（1）练习目的：锻炼运动员下肢和躯干力量及膝关节养护性力量，并且提高身体稳定性和动态平衡能力。

（2）练习场地：网球场或空旷的游戏区，练习器材是实心球、哑铃。

（3）练习方法：上身正直，向前跨一大步成弓步，前腿屈膝成直角，后腿屈膝并下蹲，使膝、髋、肩保持一直线，双臂伸直向上举于双耳两侧，重心放在后腿上，反复做蹲下和起立动作。为了提高难度，可以手持实心球或哑铃练习。

（4）练习要求：练习 8～10 次，每条腿练习 2～3 组，每组之间休息 1～1.5min。

（十二）单腿蹲练习

（1）练习目的：提高运动员下肢基础力量，并且提高动态平衡能力。

（2）练习场地：网球场或空旷的游戏区。

（3）练习方法：单腿蹲起，大腿尽量蹲至与地面平行，上体正直，双手可伸向两边维持身体平衡，两条腿交替进行。

（4）练习要求：每次坚持 20～30 秒，每条腿练习 2～3 组，每组之间休息 1.5～2min。

（十三）有氧耐力练习

（1）练习目的：在发展运动员有氧能力和身体机能的同时学习慢跑技术。

（2）练习场地：网球场或空旷的游戏区。

（3）练习方法：可以选择慢跑、足球、游戏、自行车、接力等其他运动项目提高运动员的有氧耐力。

（4）练习要求：每次训练 15～30min，每周训练 1～3 次。

三、常规训练阶段

常规训练阶段是指以提高训练为主的训练阶段。技术训练与体能训练的比例为 5.5∶4.5。训练时间与比赛时间的比例为 3∶2，每节训练课时长为 1～2.5h，每周安排 9～12 节训练课。

在加强基础体能训练的同时，还应该重视专项体能训练，重点发展运动员的协调能力、速度、力量、柔韧、专项灵敏训练、平衡能力和关节养护训练，要将训练内容、方法、手段与专项技术结合起来。常规训练阶段中，除了进行学习训练阶段所制定的训练内容、方法与手段，还应安排以下的练习。

（一）灵敏跑练习

（1）练习目的：提高运动员视觉的反应能力和身体移动技巧、移动能力和速度。

（2）练习场地：网球场或空旷的游戏区，练习器材是灵敏训练仪、标志桶（垫）。

（3）练习方法：用标志桶（垫）摆出 3～8 个方向距离约为 4m 的跑动路线。运动员在路线中心，由灵敏训练仪随机提供视觉信号，然后迅速跑向某一移动方向后快速返回中心点。

（4）练习要求：每组练习进行 30～40s，练习 2～3 组，每组之间休息 1～2min。

（二）前进后退跑练习

（1）练习目的：提高运动员前后跑动的速度和灵敏性。

（2）练习场地：网球场或空旷的游戏区。

（3）练习方法：前后站立式起跑，站在网球场底线处；听到口令开始后，由"1"冲刺至 A 线处，以手摸标示线，再后退跑回底线，再由"2"冲刺至发球线，再跑回底线，再从"3"冲刺至 B 线处，再跑回底线，最后由"4"冲刺至网球球网处，摸线后再回到底线计算全程时间（图5-2-1）。

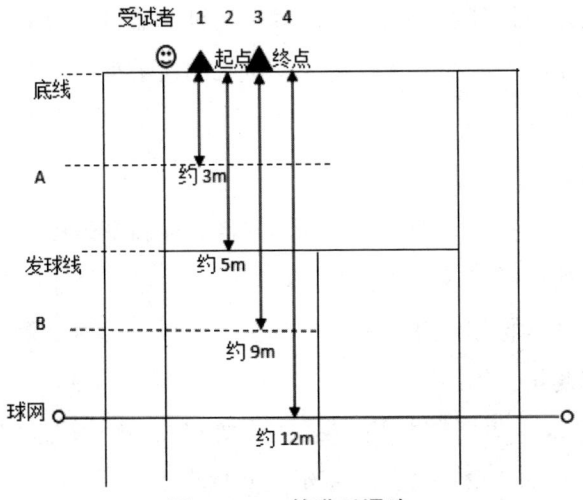

图 5-2-1　前进后退跑

(4)练习要求：必须摸到线后才可以进行下一个动作。练习2～3组，每组之间休息1.5～2min。

（三）8字形垫步练习

(1)练习目的：提高运动员侧向移动技巧、灵活性，还可以改进移动步法。

(2)练习场地：网球场或空旷的游戏区，练习器材是标志桶。

(3)练习方法：在相隔1.5～3m的距离放2个标志桶，站在2个标志桶后面的中央，开始绕标志桶交替向左右侧做8字形侧向垫步（不能使用交叉步）。

(4)练习要求：每组练习3～5次，练习2～3组，每组之间休息2～3min，组内休息1min。

（四）站姿划船练习

(1)练习目的：提高运动员背部肌肉力量。

(2)练习场地：网球场或空旷的游戏区，练习器材是弹力带。

(3)练习方法：把弹力带固定在齐腰的高处，双臂伸直，拉紧弹力带站立，双膝微微弯曲，身体正直，保持双肘贴近身体两侧的同时双手向后拉弹力带，再缓慢还原至开始时的位置，不断重复进行。

(4)练习要求：每组练习8～10次，练习2～3组，每组之间休息1～2min。

（五）瑞士球哑铃卧推练习

(1)练习目的：提高运动员背部肌肉力量。

(2)练习场地：网球场或空旷的游戏区，练习器材是瑞士球、哑铃。

(3)练习方法：仰卧在瑞士球上成背桥支撑，手持哑铃向前做卧推练习。

(4)练习要求：每组练习8～10次，练习2～3组，每组之间休息1～2min。

（六）瑞士球撑桥练习

(1)练习目的：提高运动员核心区动态稳定性和身体控制能力。

(2)练习场地：网球场或空旷的游戏区，练习器材是瑜伽垫、瑞士球。

(3)练习方法：把瑞士球放在瑜伽垫上，俯卧、仰卧、侧卧在瑞士球上形成腹桥、背桥和侧桥支撑。

(4)练习要求：肩、髋、膝、踝关节要保持在一条直线上，练习动作30～60s为一组，练习2～3组，每组之间休息1.5～2min。

（七）跪撑推拉球练习

（1）练习目的：增强腹肌力量和肩部稳定性。

（2）练习场地：网球场或空旷的游戏区，练习器材是瑜伽垫、瑞士球。

（3）练习方法：跪立在瑞士球前，双手缓慢把球向前尽力推出，然后快速收腹，双手将球拉回到体前。

（4）练习要求：双手向前推的幅度要尽可能加大，将球拉回身体时应先收腹，推出要缓慢，拉回时要快速。每组练习10～15个，练习2～3组，每组之间休息90s。

（八）抗阻跑练习

（1）练习目的：可以增强下肢力量，并且提高步频和蹬腿能力。

（2）练习场地：网球场或空旷的游戏区，练习器材是阻力带。

（3）练习方法：把阻力带系在腰间，教练或同伴在运动员身后双手拉住阻力带把手，给运动员施加阻力。运动员向前冲刺20m，阻力的大小由教练或同伴来控制，当跑到最后5m时，教练员或同伴应突然释放所有阻力，让运动员全力冲出去。

（4）练习要求：每组练习4～5次，练习2～3组，每组之间休息3min，组内休息时间为1～1.5min。

（九）弓步跳练习

（1）练习目的：可以提高髋部柔韧性和屈髋肌群的爆发力。

（2）练习场地：网球场或空旷的游戏区。

（3）练习方法：前后弓步站立，前腿屈膝至90度，后腿的膝关节接近地面。双腿一起用力向上跳起，落地前在空中变换双腿的姿势，动作过程中一定要保持身体正直。

（4）练习要求：6～8次为一组，2～3组，每组之间休息1～1.5min。

（十）抗阻抛实心球练习

（1）练习目的：提高专项击发球爆发力。

（2）练习扬地：网球场或空旷的游戏区，练习器材是实心球和弹力带。

（3）练习方法：运动员的腰部系上弹力带，以正手、反手、单手头上、高压和截击等方式抛实心球，教练或同伴用力牵拉弹力带，在抛球的时候给运动员施加阻力。

（4）练习要求：每组练习8～10个，练习2～3组，每组之间休息1～1.5min。

（十一）有氧耐力练习

（1）练习目的：提高运动员的有氧耐力。

（2）练习场地：野外、空旷游戏区或游泳池等。

（3）练习方法：跑步、骑车、游泳。

（4）练习要求：训练时长20～30min，或采用间歇运动形式，每周要练习2～3次。

（十二）垫步踢球练习

（1）练习目的：提高运动员侧向移动能力、灵活性、足一眼协调能力、动态平衡能力和时空方向感。

（2）练习场地：网球场或空旷的游戏区，练习器材是足球。

（3）练习方法：教练员或同伴站在运动员对面约2m的位置，把足球抛向运动员身体的任意一侧，要求运动员用垫步侧向移动接球，将球踢给教练或同伴，要在足球落地弹起后或直接在空中接球并踢回，也可以将垫步改为交叉步。

（4）练习要求：每组练习8～10次，练习3～5组，每组之间休息30～60s。

四、赛前训练阶段

赛前训练阶段又称赛前准备阶段，是为比赛所做的专门性训练准备。此阶段应以专项体能训练为主，注重提高竞技表现，技术训练与体能训练的比例为6.5∶3.5。在赛前准备阶段，运动员全年都要进行高强度的个体化、专项化的体能训练，并且具体的训练计划也要根据选赛计划围绕着主要的比赛任务来进行安排。训练时间与比赛时间的比例为2∶3，每节训练课时长为1～2.5h，每周9～12节训练课。

在这个训练阶段，进行速度训练时应该重视提高反应速度、灵敏速度、动作速度、直线移动速度、侧向移动速度、多项移动速度以及短距离冲刺速度的训练，训练时间和休息时间的比例一般是1∶5。力量耐力训练可以通过两种方式进行，一种是进行15～20m多次重复跑或间歇跑练习，另一种是通过小到中等强度的重量训练、核心稳定性训练、养护性训练、较长时间的训练及教学比赛等形式进行。最大力量训练和快速力量训练可以通过抗阻的形式进行。在核心力量训练中要突出核心专门性力量的训练。在协调性力量训练时也要更加重视与专项技术的结合，并在专门性力量训练的基础上提高专项力量水平和竞技表现能力。强调在球场上和球场外等不同环境中的有氧耐力训练。运动员应该具备持续30～40min次极限强度运动的能力，所以，还可以安排30～40min次极限强度的连续训练，同时，有氧训练和无氧能力的训练应该结合起来进行。

（一）冲刺换球练习

（1）练习目的：提高运动员的专项移动技能、快速起动能力，并且改进场上的移动步法。

（2）练习场地：网球场，练习器材是3个网球。

（3）练习方法：在底线的中点放2个网球，在发球线的中点放1个网球。运动员从底线中点拿起网球冲向发球线，然后把发球线上的网球放回底线中点，如此重复进行。

（4）练习要求：换球3～5次，练习3～5组，每组之间休息3min，组内休息的时间为1min。

（二）垫步冲刺练习

（1）练习目的：提高运动员专项移动的技能，同时改进场上移动步法。

（2）练习场地：网球场，练习器材是4个标志桶。

（3）练习方法：在底线放3个标志桶，中间的标志桶放在底线的中间，另外2个标志桶在左右两侧距中间标志桶90～120cm处，第4个标志桶放在发球线前120cm的地方。运动员从底线的标志桶左边或右边开始垫步，然后快速绕3个标志桶移动，绕过之后向发球线处的第4个标志桶冲刺，在标志桶前做跨步击球的动作。回到底线的另一侧再进行相同方式的练习。

（4）练习要求：每侧练习3～5次，练习2～3组，每组之间休息3min，组内休息时间为1min。

（三）垫步横移练习

（1）练习目的：提高专项移动技能，同时改进场上移动步法。

（2）练习场地：网球场，练习器材是3个标志桶。

(3) 练习方法：在底线放 3 个标志桶，中间的标志桶放在底线的中间，另外 2 个标志桶分别放在左右两侧距中间标志桶 90～120cm 的位置。运动员从底线一侧的第 1 个标志桶开始垫步，向右边（或左边）绕标志桶移动，在绕过第 3 个标志桶后，迅速向相反方向移动，再次绕过第 1 个标志桶时，利用交叉步变向冲刺。在脚接触到边线后，用垫步沿着底线返回，并从另一方向重复练习。

(4) 练习要求：每侧练习 3～5 次，练习 2～3 组，每组之间休息 3min，组内休息 1min。

（四）踏板抬腿练习

(1) 练习目的：提高运动员的下肢力量和平衡能力。

(2) 练习场地：力量房或体操房，练习器材是 30cm 高台或踏板、哑铃、杠铃。

(3) 练习方法：运动员肩负杠铃或双手持哑铃于体侧，将一只脚向前踏上踏板或高台，另一条腿抬高至大腿与地面平行，保持 2～3s 后还原姿势，重复换腿进行。

(4) 练习要求：每条腿练习 8～10 次，练习 3～5 组，每组之间休息 1～3min。

（五）弓步蹲练习

(1) 练习目的：发展运动员下肢和躯干力量及膝关节养护性力量，提高身体稳定性和动态平衡能力。

(2) 练习场地：力量房或体操房，练习器材是杠铃、哑铃。

(3) 练习方法：运动员肩负杠铃或双手持哑铃于体侧，上身保持正直，左（右）腿向前跨出一大步形成弓步，前腿呈屈膝状，膝关节不超过脚尖，后腿屈膝向下蹲，膝、髋、肩保持在一条直线上，重心放在后腿，然后做弓步蹲起动作，并重复换腿练习。

(4) 练习要求：每条腿练习 8～10 次，练习 3～5 组，每组之间休息 1～3min。

（六）交叉弓步蹲练习

(1) 练习目的：发展运动员下肢和躯干力量，并且提高动态平衡能力。

(2) 练习场地：力量房或体操房，练习器材是杠铃、哑铃。

(3) 练习方法：运动员肩负杠铃或是双手持哑铃于体侧，上身保持正直。左腿向左前方 45°跨出一大步形成弓步，膝关节不超过脚尖，膝、髋、肩保持一条直线，重心放在后腿上，保持稳定后还原，反复换腿练习。

（4）练习要求：每条腿练习8～10次，练习3～5组，每组之间休息1～3min。

（七）横向弓步蹲练习

（1）练习目的：发展运动员的下肢和躯干力量，提高动态平衡能力。

（2）练习场地：力量房或体操房，练习器材有杠铃、哑铃。

（3）练习方法：运动员肩负杠铃或是双手持哑铃于体侧，保持上身正直。右腿向右横向跨出一大步成右弓步，右髋相对左髋更向后，尽可能地向下蹲，右腿快速用力地蹬地伸直，然后还原至起始姿势，重复换腿练习。

（4）练习要求：每条腿练习8～10次，练习3～5组，每组之间休息1～3min。

（八）直臂持铃深蹲练习

（1）练习目的：发展运动员下肢和躯干力量的同时提高动态平衡能力。

（2）练习场地：力量房或体操房，练习器材有杠铃、哑铃。

（3）练习方法：双手直臂持杠铃或是哑铃于头顶，双脚开立与肩同宽，踮起脚尖站立。屈膝的同时屈髋，下蹲直至大腿与地面平行，一定要保持脚踝伸直，1～2秒后，还原姿势，重复练习。

（4）练习要求：每组练习8～10次，练习3～5组，每组之间休息1～3min。

（九）组合卧推练习

（1）练习目的：锻炼运动员上肢基础力量。

（2）练习场地：力量房或体操房，练习器材是杠铃。

（3）练习方法：按照窄握距、宽握距和标准握距三种方式抓握杠铃，然后进行卧推的组合练习，期间一定要配合呼吸。

（4）练习要求：每个动作练习6～8次，练习3～5组，每组之间休息1～3min。

（十）单臂持铃划船练习

（1）练习目的：练习上肢力量，并且提高核心肌群稳定性。

（2）练习场地：力量房或体操房，练习器材有哑铃、平衡盘。

（3）练习方法：右手持哑铃，屈肘成90°，并紧贴于体侧，右膝稍微弯曲，左臂直臂支撑于地面或是平衡盘，屈髋使上身与地面平行，左腿要伸直，重心放在右肩垂直向下的位置上。保持右肘关节的角度不变，将哑铃最大幅度地向腰部拉回，然后还原，在练习的过程中要保持背部呈水平的状态。换方向重复练习。

（4）练习要求：每侧动作练习6～8次，练习3～5组，每组之间休息1～3min。

（十一）仰卧伸肘练习

（1）练习目的：练习上肢力量和发球专门性力量。

（2）练习场地：力量房或体操房，练习器材有哑铃、卧推架或瑞士球等。

（3）练习方法：用肩部作为支撑，仰卧在卧推架或是瑞士球上形成背桥，双手持哑铃屈肘放于头后，然后快速向前向上用力将手臂伸直，缓慢还原时吸气。

（4）练习要求：每组练习10～15次，练习3～5组，每组之间休息1～3min。

（十二）核心稳定性练习

（1）练习目的：提高运动员的核心稳定性和核心肌群的肌肉力量。

（2）练习场地：力量房或体操房，练习器材有瑜伽垫、瑞士球等。

（3）练习方法：俯卧、仰卧、侧卧在瑜伽垫或是瑞士球上，双腿支撑腹桥、背桥、侧桥。

（4）练习要求：每个动作坚持1分钟，连续2～3组，每组之间休息1～2min。

（十三）弹力带屈肘上下旋练习

（1）练习目的：提高发球时肩部旋转肌群的肌肉力量，同时进行肩部养护性力量练习。

（2）练习场地：网球场或力量房，练习器材是弹力带。

（3）练习方法：将弹力带固定在某一固定物体上，高度与肩同高。手抓住弹力带，进行屈肘的侧平举，面对着固定点站立，肘关节呈90°，大臂与地面保持平行。手拉弹力带进行上下旋转练习，在上旋时呼气，下旋还原的时候吸气，整个过程中保持肘关节的角度不变。

（4）练习要求：每侧练习8～10次，练习2～3组，每组之间休息1～2min。

（十四）跳箱横越练习

（1）练习目的：提高运动员横向蹬地起动和动态平衡能力。

（2）练习场地：网球场、力量房或空旷游戏区，练习器材是高30cm，宽50cm的跳箱。

(3) 练习方法：运动员侧对着跳箱站立，右腿踏在跳箱中央，左腿用力蹬腿越过跳箱，然后左脚落在跳箱中央，右脚落在地面上，然后再向反方向蹬地，跳回起始姿势。

(4) 练习要求：每条腿练习 10～15 次，练习 2～3 组，每组之间休息 1～2min。

（十五）单足跳练习

(1) 练习目的：提高运动员髋部屈伸肌群的肌肉力量。

(2) 练习场地：网球场或是空旷的游戏区。

(3) 练习方法：跳起时，要尽量抬腿，使大腿与地面平行。

(4) 练习要求：每条腿练习 8～10 次，练习 2～3 组，每组之间休息 1～2min。

（十六）坐凳跳起练习

(1) 练习目的：提高运动员的腿部爆发力。

(2) 练习场地：网球场或力量房，练习器材是长凳。

(3) 练习方法：运动员坐在长凳上，双脚着地，然后双脚用力蹬地跳起并站在长凳上，最后跳下还原。

(4) 练习要求：每组练习 8～10 次，练习 2～3 组，每组之间休息 1～2min。

五、针对性训练阶段

针对性训练阶段，也是网球运动员体能训练的最后一个阶段。这一阶段的运动员已经完全具备了体能、技能、战术和心智能素质，训练的重点也要转移到围绕重大赛事进行，帮助运动员发挥竞技能力（或水平），即竞技表现。通常要根据运动员的需要每隔 10～16 周安排一次常规性训练调整或是养护性训练防护。一般采取小周期的训练安排，训练量和强度都会比较大。在每个周期里都要系统安排针对性的体能训练，尤其是协调能力、专门性力量、专项灵敏和能量代谢的训练。训练时间和比赛的时间比例安排为 2.5∶7.5，每次训练课时间定在 1～2.5h，每周安排 10～15 次训练课。

体能训练的主要内容、方法和手段，除常规训练阶段和赛前准备阶段的训练以外，还要有针对性地选择以下的练习。

（一）半蹲（深蹲）练习

(1) 练习目的：提高运动员身体的稳定性以及大腿屈伸肌群、屈髋肌群和躯干肌肉力量。

（2）练习场地：力量房或健身房，练习器材是杠铃。

（3）练习方法：肩负着杠铃，双脚开立与肩同宽，做半蹲或深蹲的练习。下蹲的时候膝关节不能超过脚尖，上身保持正直，头与躯干在一条直线上，挺胸、收腹、眼睛平视。下蹲的时候吸气，蹬起时吐气。

（4）练习要求：每组练习 8～10 次为一组，练习 3～5 组，每组之间休息 2～3min，杠铃的重量根据运动员的具体情况和练习目的进行调整。

（二）宽蹲练习

（1）练习目的：提高运动员身体稳定性及大腿内收肌、屈髋肌群和躯干肌肉力量。

（2）练习场地：力量房或健身房，使用器材是杠铃。

（3）练习方法：肩负着杠铃，双腿开立两倍肩宽，做半蹲练习。下蹲时膝关节不能超过脚尖，上身保持正直，头与躯干在一条直线上，挺胸、收腹、双眼平视。下蹲的时候吸气，蹬起时吐气。

（4）练习要求：每组练习 8～10 次，练习 3～5 组，每组之间休息 2～3min，杠铃的重量要根据运动员的具体情况和练习目的而定。

（三）弓步蹲练习

（1）练习目的：发展运动员下肢和躯干力量，同时提高身体稳定性和动态平衡能力。

（2）练习场地：力量房或体操房，练习器材是杠铃。

（3）练习方法：肩负着杠铃，上身保持正直，左腿向前跨一大步成弓步并屈膝，膝关节不能超过脚尖，右腿屈膝并下蹲，使膝、髋、肩保持在同一直线上，重心放在右腿，做弓步蹲起的动作，换腿重复练习。

（4）练习要求：每条腿练习 8～10 次，练习 3～5 组，每组之间休息 2～3min，杠铃的重量要根据运动员的具体情况和练习目的而定。

（四）交叉弓步蹲练习

（1）练习目的：发展运动员下肢和躯干的力量，并且提高动态平衡能力。

（2）练习场地：力量房或体操房，练习器材是杠铃。

(3)练习方法：肩负着杠铃，上身保持正直。右腿支撑，左腿向左前方45°跨出一大步形成弓步，稳定后还原，换腿重复练习。

(4)练习要求：每条腿练习8～10次，练习3～5组，每组之间休息1～3min。杠铃的重量要根据运动员的具体情况和练习目的而定。

(五)横向弓步蹲练习

(1)练习目的：发展运动员的下肢和躯干力量，同时提高动态平衡能力。

(2)练习场地：力量房或体操房，练习器材是杠铃。

(3)练习方法：肩负着杠铃，上身保持正直。右腿向右横向跨出一步成右弓步，右髋在左髋后，尽可能地向下蹲，右腿快速用力蹬地伸直，还原到起始的姿势，换腿重复练习。

(4)练习要求：每条腿练习8～10次，练习3～5组，每组之间休息1～3min。杠铃的重量要根据运动员的具体情况和练习目的而定。

(六)仰卧挺髋练习

(1)练习目的：提高运动员臀部伸髋肌群的爆发力、身体稳定性及平衡控制能力。

(2)练习场地：力量房或体操房，练习器材有杠铃、高台、半球或瑞士球等。

(3)练习方法：依靠肩部支撑，仰卧在高台、半球或瑞士球上，把杠铃放在腹部髋关节的位置，手握杠铃，双腿保持屈膝支撑，臀部快速向上挺，稳定之后还原。

(4)练习要求：每组练习8～10次，练习2～3组，每组之间休息2～3min。杠铃的重量要根据运动员的实际情况和练习目的而定。

(七)仰卧推拉球练习

(1)练习目的：增强运动员跟腱、膝关节屈肌及臀部伸肌群的肌肉力量。

(2)练习场地：力量房或体操房，练习器材有瑜伽垫、瑞士球。

(3)练习方法：仰卧在瑜伽垫上，双腿伸直放在瑞士球上，双手臂平举维持平衡。双腿快速屈膝把瑞士球拉到臀部下方，稳定后再缓慢把球推至起始姿势。练习时的幅度要尽可能加大。

（4）练习要求：每组练习8～10次，练习2～3组，每组之间休息1～2min。

（八）俯卧背起转体练习

（1）练习目的：提高运动员竖脊肌和旋转肌群的肌肉力量。

（2）练习场地：力量房或体操房，练习器材有长凳、杠铃片。

（3）练习方法：俯卧在长凳上，上身悬空，同伴压住双腿。双手持杠铃片在颈背后面，然后做背起转体，稳定后还原起始姿势，两侧重复练习。

（4）练习要求：每侧练习8～10次，练习2～3组，每组之间休息2～3min。杠铃片的重量要根据运动员的实际情况和训练需要而定。

（九）俯卧屈膝练习

（1）练习目的：发展跟腱和屈膝肌群的肌肉力量。

（2）练习场地：力量房或体操房，练习器材有长凳、沙袋、弹力带等。

（3）练习方法：俯卧在长凳上，右腿的膝关节放在长凳的边缘，踝关节系上沙袋或弹力带。屈膝收腿时尽力触及臀部，在停顿1～2s后缓慢还原到起始姿势，重复换腿练习。

（4）练习要求：每条腿练习8～10次，练习3～5组，每组之间休息1～2min。

（十）沙地跑练习

（1）练习目的：提高运动员的综合爆发力、动态平衡能力，培养拼搏精神。

（2）练习场地：沙滩或在沙滩排球场地，练习器材有标志桶、小栏架等。

（3）练习方法：在10～25m的沙地上，通过标志桶、小栏架等器械的摆放，设计出具有快速冲刺、跨越、急停变向、再加速等多种形式的运动路线，反复进行练习。

（4）练习要求：每组练习5～6次，练习2～3组，每组之间休息2～3min，组内休息30～60s。

第三节　网球协调能力训练

在网球运动中，所有技术动作都是克服球拍或自身重量完成的，也是靠多关节协同运动和通过神经肌肉控制动作的协调性来完成的。从这一点来讲，专项力量训练不仅要训练肌肉，还要训练它的神经，要求"神经—肌肉—本体感觉"

三位一体地训练。如果运动员想在比赛中将自己的专项力量表现出来，就要具备两点：高度的协调能力和强大的核心力量。

一、协调能力的释义

人体的所有肢体动作都是由神经系统和多关节肌群共同整合而成的复杂的多关节的协同运动。所以，协调内在地包含在所有人体动作中，其动作形成和发展的基础是动作的协调与控制能力。

在训练学界，协调有很多不同的称呼，如协调能力、竞技协调能力、运动协调能力、动作协调或协调性等。虽然叫法不同，但它们都是从不同层面对身体协调的表述，所以它们的内在本质是相同的。

在身体工作能力的三个独立要素（运动素质、运动技术、协调能力）中，当运动素质和运动技术发展至某一年龄阶段后会出现停滞或下降的现象，如各项运动素质都会在大约23～25岁后开始缓慢下降。如今很多"高龄"运动员虽然身体各项素质与技术都在逐渐下降，但仍然可以发挥出较高的竞技水平，并且取得优异的成绩。如40岁的挪威名将比约达伦，在索契冬奥会上夺得冬季两项男子10公里竞速赛冠军，目前为止，他已经获得了12枚冬奥会奖牌；美国短跑名将卡尔·刘易斯在35岁的时候参加了第26届亚特兰大奥运会，并获得了一枚跳远金牌，这是他运动生涯中获得的第9枚奥运会金牌；我国37岁的赵宏博在温哥华冬奥会上勇夺冬奥会史上中国首枚花样滑冰的金牌；我国33岁的柔道选手冼东妹以极佳的表现在赢得雅典奥运会金牌之后，又一次夺得了北京奥运会的金牌。根据肌肉、力量及爆发力与年龄变化的关系（图5-3-1），比约达伦、刘易斯、赵宏博及冼东妹等众多"高龄"选手的各运动素质和运动技术都已经处在下降阶段，这个时候的他们无论是速度还是力量都不再是个人的巅峰状态，但他们仍能有如此高超的竞技表现，其原因是什么呢？很明显，这种突出的表现不是因为某种个人素质或技术的提升，而是因为他们可以将各种能力完美地协同整合在一起，然后在协调性的指引下，身体各部位的肌肉用力变得更加合理，动作技术更加准确、流畅，也就是协调能力得到了更大发展与提升。所以，协调能力的训练在当今世界范围内得到竞技训练界的高度重视。现在竞技训练界非常重视协调能力对各种能力的协同整合与力量释放的叠加传递。

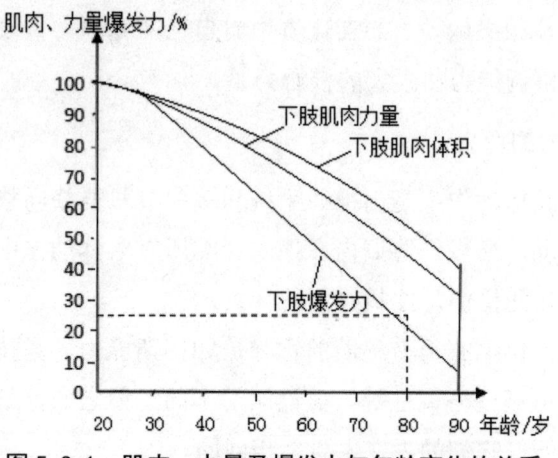

图 5-3-1　肌肉、力量及爆发力与年龄变化的关系

根据上述内容，我们可以把运动员的协调能力界定为：协调能力是人体运动时机体各器官系统、各运动部位配合一致，然后合理有效地完成特定技术动作的能力，是在技术动作行为发生过程中神经、肌肉、感知觉三大系统之间的合理配合、快速一致地完成动作的结果。协调能力是运动员竞技能力的一项重要组成部分，它是神经控制能力、节奏变化能力、动作衔接能力、空间定向能力、身体平衡能力、视听分辨能力、快速反应能力和本体感知能力等多种能力的综合，本质上是对各种能力的协同整合与肌力的叠加传递，并且在此基础上增加运动速度和肢体鞭打力度（图 5-3-2）。协调能力既不从属于体能，也不从属于技能和心智能力，它是另一类独立的竞技能力。它与运动员的体能、技能及心智能力一起构成运动员的竞技能力，是运动员竞技能力结构的一项重要组成部分，可以有机地协同整合体能、技能及心智等各种能力，形成一个三维的竞技能力整体，并在专项竞技中表现出来（图 5-3-3）。

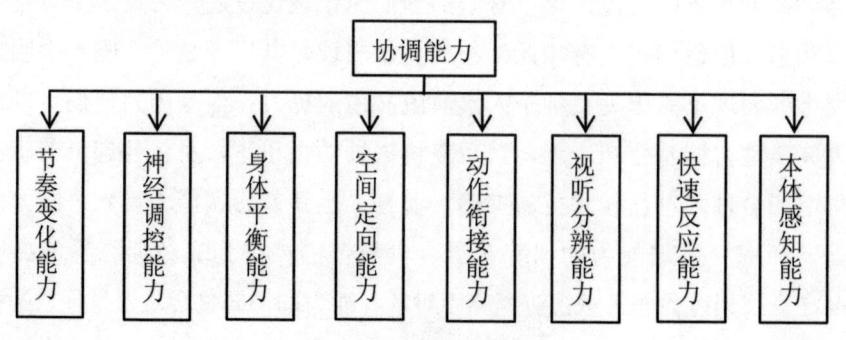

图 5-3-2　协调能力的结构

协调能力与体能、技能和心智能力之间既相互区别又相互联系。第一，协调能力的发展水平可以直接或间接地影响运动素质、运动技能和心理感知觉等竞技子能力的发展水平和表现情况；第二，协调能力的发展必然会受到运动素质、专项技术及感知觉能力的影响和制约；第三，协调能力可以把其他各竞技能力要素更好地协同整合起来，并且以整体放大的叠加效应在专项竞技中表现出来。

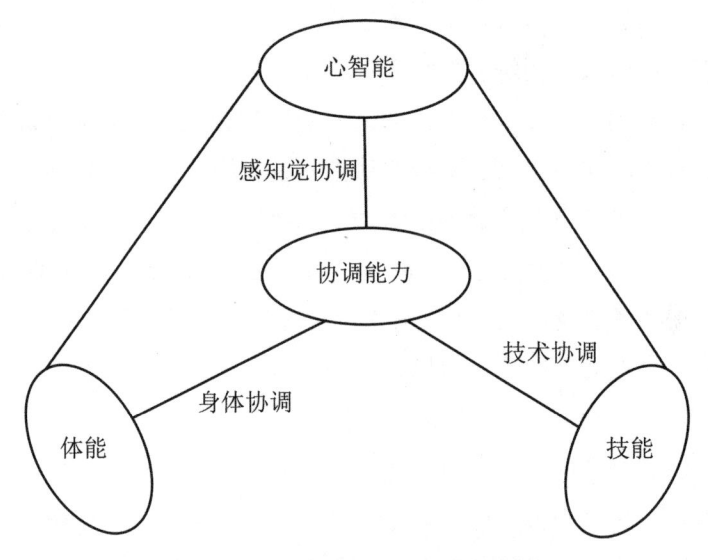

图 5-3-3 竞技能力三维结构模型

竞技能力的三维结构模型，一方面更好地解释了刘易斯、赵宏博及冼东妹等"高龄"运动员，在体能、技能和感知觉能力等竞技能力处于停滞或下降阶段时，他们的整体竞技能力仍保持在较高水平的主要原因。另一方面，既可以比一维竞技能力结构模型更加准确深入地揭示专项竞技的表现规律，又可以在专项运动中促进各竞技子能力要素的纵向发展，并且能加强各竞技子能力要素之间的横向联系。这将会大大充实网球体能训练的理论体系，从而推动网球体能训练实践的迅速发展。

二、协调能力的分类

协调能力对内表现为不同的技术动作之间的横向多节协调，对外表现为不同运动素质之间的纵向发展水平。同时，机体的内外协调、神经控制和时空感知觉之间的协调配合，形成了一个多元一体的三维协调控制网络系统。所以，协调能力具有系统协同性与表现整体性、相对稳定性与动态发展性、动作合理性与表达准确性、技术灵活性与专项针对性、发力快速性与自主调节性、多元综合性与目标指向性等多种基本属性的特点。

首先,身体各种感受器官接受内外环境变化的各种刺激,并将受到的刺激能量迅速转化为神经冲动,引起大脑皮质的兴奋与抑制之间的相互转化,进而支配和调动身体各肌肉积极工作、协调一致地完成技术动作。

其次,协调能力是形成运动技术的基础,是力量水平的释放和运动成绩提高的重要保证,即技术训练就是练专项协调性。从运动技术的角度来说,运动技术的掌握、巩固与提高依赖于协调能力的提高和改善。简单来讲就是协调能力越好,学技术动作越快,学复杂的动作就越轻松。因此,要想身体协调性发展得更好,就要储备更多的运动技术动作,而使得技术动作变得越复杂,就更应该提高协调能力。除此之外,协调能力的发展还会受到运动员的体形、素质、生理特征、情感意志及认知水平等体能、心理因素的影响。

最后,协调能力是运动员的机体在运动素质的支持下,进而协同配合完成技术动作的能力,是运动员可以支配自身的一种能力。

由于不同的分类标准,协调能力可以分成不同的类型。首先,从协调能力和其运动专项的关系来说,可以分成一般协调能力和专项协调能力两种。一般协调能力是运动员完成各种运动活动时所需要的普适性的协调能力,专项协调能力是运动员完成专项运动所需要的专门协调能力。它是一种可以反映运动员迅速、省力、流畅、准确地完成各专项动作的能力。一般协调能力包括反应适应能力、时空感知能力及协同动员能力等多个方面的能力。专项协调能力也包括一般协调能力构成的那些因素,但是不同专项运动的侧重点会有所不同。其次,从系统、整体的角度来说,协调能力是运动员机体内外环境之间有效配合的能力,它主要包括心理能力、生理能力、适应调整能力、协同配合能力及运动智力等多种能力。

第四节 网球快速力量训练

快速力量(速度力量)就是神经肌肉系统动员其机能潜力在最短的时间内发挥出最大力量的能力,同时也是运动员在特定负荷条件下发挥出来的最大动作速度。它包括起动力量、爆发力、制动力量和反应力量这四种表现形式。网球是一种典型的快速力量性运动项目,在击发球的一瞬间需要良好的旋转爆发力,突然的起动和制动需要有快速的起动力量和制动力量,快速的场上移动则需要有良好的反应力量。

快速力量的提高取决于中枢神经系统冲动发放的频率和强度大小、肌肉的收缩速度、最大力量以及协调能力。快速力量水平是在神经系统支配和控制下速度、力量及协调性的一种综合表现(图5-4-1)。快速力量训练主要是通过主动肌的完全性动员、协同肌的适度动员以及对抗肌的抑制等多个关节肌群组合所整合出的协同性来完成的。所以,快速力量的训练常被看作是协调能力的训练,是多个关节肌群快速协调的用力表现。

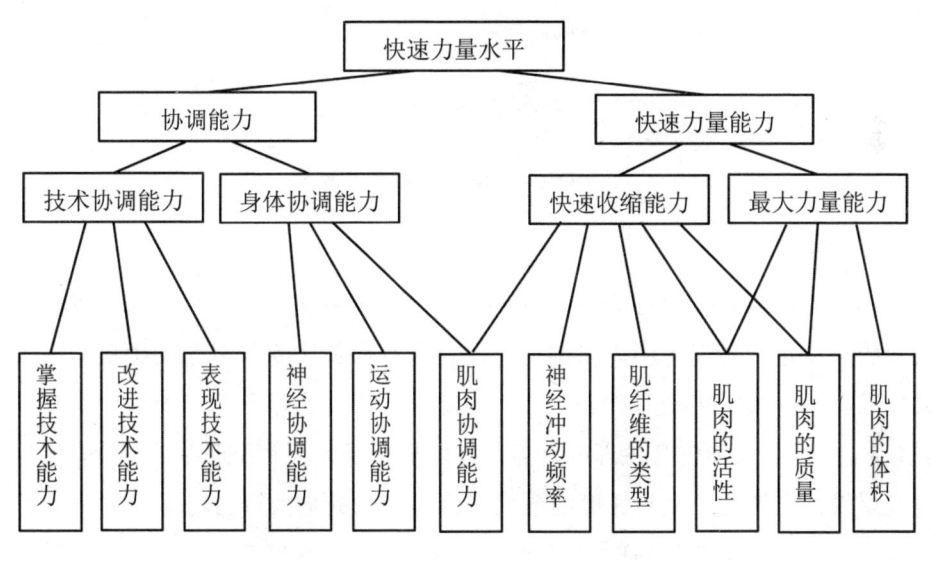

图5-4-1　快速力量水平的影响因素

一、起动力量

起动力量是指可以在最短时间内(50ms)最快发挥肌肉力量的能力,也是运动员在静止状态下快速发力,使力量尽可能提升的能力。同时,起动力量是神经肌肉系统从工作开始以尽可能快的速度提升力量发展率的能力,这要求肌肉在50ms以内要达到最大力值(如图5-4-2所示中$f50$的对应点)。起动力量的主要影响因素有肌肉的瞬时收缩速度、相对力量及协调能力等。网球运动中,运动员要经常进行突然的起动和加速移动,而良好的起动力量则有助于第一步起动速度和随后的加速移动能力的提高。网球比赛中来回球、小球和短球非常多，而且球速较快，这要求运动员在及时做出判断后，还要进行不同方向和形式的快速起动和加速移动，从而达到快速回击、取得比赛主动权的目的。

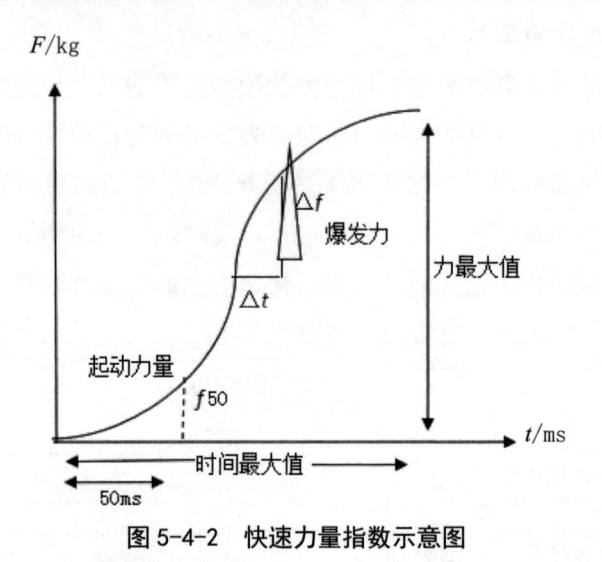

图 5-4-2　快速力量指数示意图

二、爆发力

爆发力是指张力已经开始增加的肌肉，在极短的时间内（150ms 以内）以最快的速度进一步发挥出力量的能力，也是神经肌肉系统将起动力量发展到最大化的能力。爆发力是肌肉在工作时的输出功率，也就是力与速度的乘积（图 5-4-3）。通过人体自身生理的特点，人体负荷越大，动作速度就越慢。所以，最大爆发力应该是力量与速度的最佳结合时产生的最大输出功率（图 5-4-4）。爆发力就是运动员在极短的时间内，通过最大的加速度克服阻力，产生尽可能大的肌肉力量的能力（如图 5-4-2 所示中△f 对应的位置）。爆发力不是完全从静止状态下开始的，在肌肉收缩之前，会出现小幅度的预拉长或预收缩的现象。例如，原地起动跑练习就是一种起动力量的训练，运动员从完全静止的状态下根据教练员的指令，突然起动并开始加速跑动。在网球击发球动作中的挥拍或引拍动作，就是一种明显的爆发力前的预拉长现象。爆发力是影响网球击发球效果的一个重要因素，一般表现在大力击球、发球、跳跃及快速移动中。除此之外，在网球比赛中运动员还需要在移动中确定精准的击球点。所以，需要通过直线或斜线加速完成回击来球，这就要求运动员具有良好的快速直线或斜线移动、减速制动、转体变向及急停再加速等多种能力，而良好的爆发力则可以为这些能力起支撑与保障的作用。在完成发球、大力击球和跳跃等动作时，更要有良好的爆发力和协调全身用力的能力，从而提高击发球时的速度和攻击力。

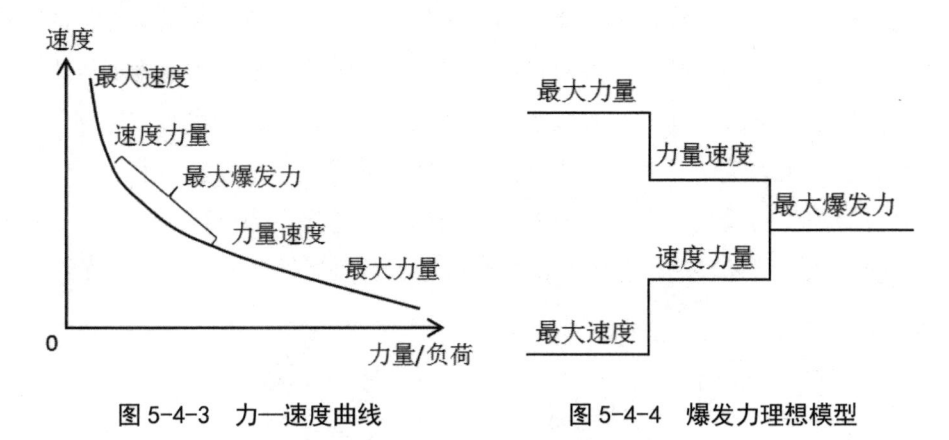

图 5-4-3　力—速度曲线　　　　　图 5-4-4　爆发力理想模型

爆发力水平的提高不仅是由最大力量的发展水平决定的，更是由肌肉的快速收缩能力和协调能力的发展水平决定的（图5-4-5）。所以，我们可以把爆发力训练看作是一种协调能力的训练。

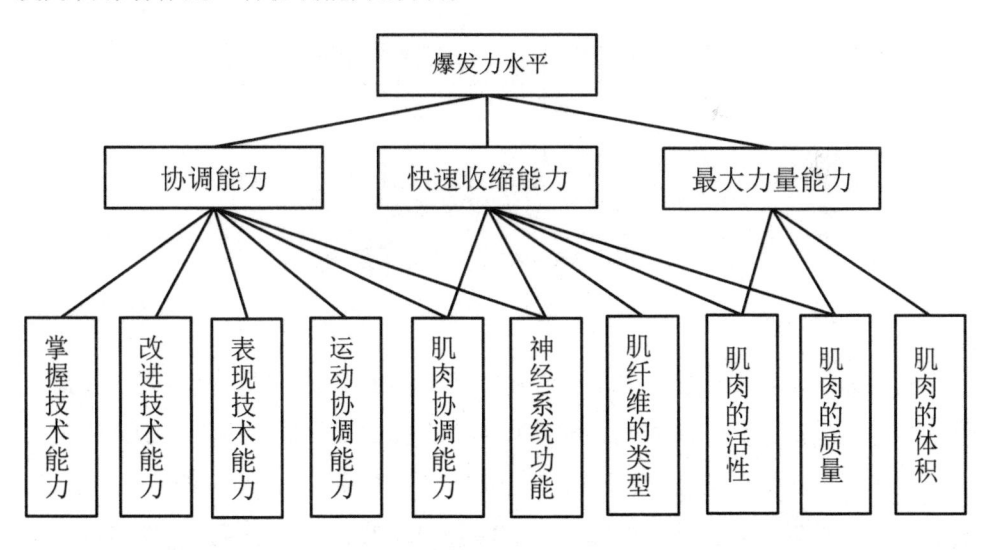

图 5-4-5　爆发力水平的影响因素

网球运动员的爆发力训练应包含基础的力量训练、力量速度训练、最大速度训练、速度力量及专项爆发力训练等不同等级的力量训练（图5-4-6）。基础力量训练是指通过提高肌肉的体积、肌肉的质量及肌肉的活性，提高最大力量水平。力量速度训练，是在保持某一力量负荷不变的条件下，提高该力量水平下的动作速度。也就是力量速度强调更多的是力量的增长，即在一定速度下力量的增长。最大速度训练主要是通过小负重练习来提高高速移动的能力。速度力量训练是指在保持稳定高速运动的条件下，不断提高负荷重量进行的高速度的训练，它更多的是凸显力量释放的速度，也就是以最快的速度释放力量的能力。速度力量的运动形式有短距离的冲刺、弹力带转体及实心球抛球等。而爆发力就是由力量向速度和由速度向力量转变的过程中，力量与速度处于最佳结合点时产生的最大输出功率的能力。网球专项的爆发力可以通过短距离冲刺跑、快速侧向折返移动、跨跳、抛接实心球、负重挥拍等多种方法进行练习。

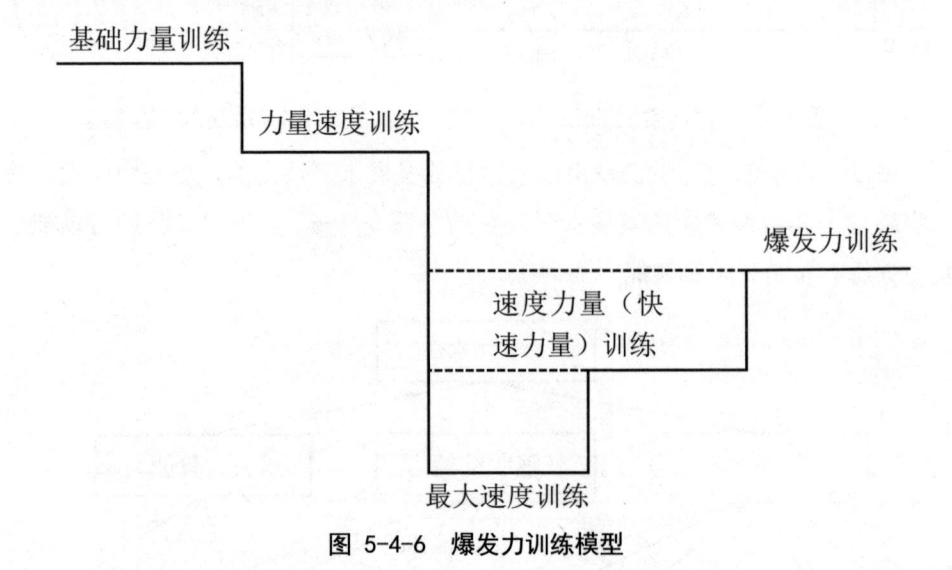

图 5-4-6　爆发力训练模型

三、制动力量

制动力量是指在快速移动的过程中，迅速改变运动方向，产生最大负加速度的急停制动的能力。肌肉向心收缩和离心收缩的工作能力决定了制动力量的发展水平。运动员在减速或急停时，同时运用了这两种肌肉收缩的方式。所以，进行制动力量训练时要注意同时提升这两种类型的肌肉收缩能力，才可以满足运动员在球场上急起、急停、灵活反应的需求。

四、反应力量

反应力量是肌肉先在极短的时间内做离心拉长收缩，然后再做向心缩短收缩，利用肌肉弹性、收缩性以及牵张反射产生较大力量的能力。反应力量包含短程式反应力量和长程式反应力量两种。反应力量训练可以在极短的时间内增加肌肉募集的反射刺激和串联弹性成分的能量储存。

反应力量训练对协调能力的要求比较高，它既需要协调性力量的支撑，还需要协调性技术的发挥。网球运动中，反应力量表现在挥拍—击球、缓冲—蹬伸、急停—急起、制动—变向、转体—加速和跑、跳等动作中。所以，反应力量训练中要高度重视协调能力的训练，从而提高动态支撑力量、弹跳力量和击球鞭打的力量。

第五节 网球核心力量训练

一、核心区的界定

目前为止，国外的学者大都将核心区定义在"腰椎—骨盆—髋关节"的周围。如弗雷德里克·桑姆（Frederick Sonm）认为，核心区是腰、骨盆、髋关节形成的一个整体，也就是指肩关节以下髋关节以上包括骨盆的区域；克里斯托弗·鲍尔斯（Christopher Powers）认为，核心区是骨盆、髋关节及周围肌肉和肌腱、韧带组织；也有部分学者把整个躯干都视为核心区，认为核心区应包括胸廓和脊柱。除此之外，国内的学者大多认为核心区在人体重心的周围，例如，我国传统武术中涉及的"丹田"；黎涌明、陈小平等学者把核心区界定为脊柱、髋关节和骨盆周围，认为它们正好位于上下肢的接合部位，具有承上启下的作用；于红妍则认为核心区是膈肌以下至盆底肌之间的区域。

根据核心区解剖结构特点及其与身体重心的位置关系断定，核心区是指由"腰椎—骨盆—髋关节"所形成的一个整体，是人体运动的一个中间环节，具体是指肩关节以下髋关节以上，包括腰椎、骨盆、髋关节、胸廓及整个脊柱在内的区域。核心区是连接上下肢的纽带，是肢体运动的重要"发力源"，它的稳定性和力量的始动性为身体运动提供了力量上的支持与驱动，可以直接影响身体运动的效率和整体性。

由于空间位置不同，核心区有内外核心区与上下核心区之分。"内核心"位于身体的深层，以深层的局部稳定性小肌群为主，可以控制脊柱曲度和维持腰椎稳定性；"外核心"位于身体浅表的位置，以浅层的运动性大肌群为主，可以主动发力驱动肢体的运动（表 5-5-1）。"上核心区"指肩关节以下，膈肌以上的核心区域，担负着传递力量至肢体末端或是器械的作用。"下核心区"就是一般在运动训练中所说的"核心区"，指膈肌以下，盆底肌以上的区域，包括其周围的神经、肌肉、肌腱、韧带及骨骼支撑系统，并且受呼吸调节系统的影响。核心区由盆底肌群作为"缸底"，由横膈肌为盖板，前壁由腹部肌群构成，后壁由背部和臀部肌群构成，使整个核心区类似一个封闭的"气缸"。在躯体发力的一瞬间，核心肌群会共同收缩，"气缸"的体积变小，腹内压升高，"气缸"就会像一个充气的轮胎，由里向外膨胀，腹壁肌群自然就由外向内收缩合抱，促使四肢协同运动，整个身体也出现向核心收缩的趋势，从而使整个核心形成一个稳固的"钢体"，撞之不开，晃之不散，浑然一体，对肢体的发力起到了稳固的支撑作用，并使核心肌群产生和传递的能量可以顺畅地向四周辐射。

表 5-5-1　核心区肌群的分类与区别

类别	局部稳定肌	整体原动肌
解剖位置	脊柱深层	脊柱浅层
肌肉形状	羽状	梭状
附着关节	单关节	双关节、多关节为主
肌肉类型	慢肌纤维为主	快肌纤维为主
参与肌群	多裂肌、回旋肌、横突间肌、棘间肌、骶棘肌	竖脊肌、髂腰肌、大腿肌群等
神经作用	无意识下完成	意识支配下完成
工作类型	静力性为主	动力性为主（肌肉长度改变）
影响因素	不受动作方向影响	受动作方向影响
启动阻力	低阻力下启动	高阻力下启动
主要功能	维持脊柱弯曲度和稳定性	脊柱屈伸、侧弯、旋转

从动作发展和运动解剖学的角度来说，把肌肉的起止点或起点或支点位于核心区的肌肉群称为核心肌群，主要包括胸部肌群、腹部肌群、背部肌群、髋部肌群、盆带肌群、盆底肌群、大腿肌群及膈肌等。通过对《系统解剖学》和《运动解剖学图谱》检索，"下核心区"有起止点的肌肉约有 41 对 +1 块（盆底肌群只选取了运动价值较高的 4 块代表肌肉）。其中，起止点都在核心区的有 11

对 +1 块,主要起到稳定核心区的作用,剩余有 29 对肌肉群的起点在核心区,1 对腹外斜肌的止点在核心区,它们的收缩既要参与核心区的稳定,又要参与躯体运动。"上核心区"的肌群约有 14 对,主要包括部分背部肌肉和胸部肌群。所以,整个核心区的肌群共 55 对 +1 块。

二、核心区力量及其训练

在众多项目的国家队体能训练实践的基础上,我们认识到:核心力量是核心肌群在稳定身体的姿势和重心、产生和传递力量的基础上,以提高神经支配与控制的能力、肌肉的协调性与功能性的能力以及本体感受性的能力等为主要目的力量能力。它包括核心稳定性力量和核心专门性力量两个部分。核心稳定性训练既是核心专门性力量训练的前提和基础,也是核心力量训练的初级阶段,主要包括静态和动态的稳定性训练和关节养护性训练,动态稳定性训练又包括屈伸稳定性和旋转稳定性训练。核心专门性力量训练作为核心力量训练的重点和关键,应在训练中多加强核心区肌群和专项技术动作的协同整合。所以,核心力量训练应该在核心稳定性稳步提升的基础上,结合专项技术的特殊需求,重点加强核心专门性力量训练,突出快速力量、快速力量耐力和协调性力量训练,还要与协调能力训练结合。核心力量中的核心专门性力量训练,更加强调的是如何使用、释放、发挥出运动员获得的力量,实现从以"练"为主转变到以"用"为主的训练理念,也就是实现从"为练而练"到"为用而练"的转变。

(一)核心稳定性训练

核心稳定性源于脊柱的稳定性,最早出现在人体脊柱解剖学和生理学理论中。在人体多样的运动中,运动的力量从髋部发出,向四周辐射,为肢体的运动提供支点,使四肢可以协调用力和调控动作,身体处于合适且稳定的体位时,核心区的大肌群才可以协调用力使髋关节屈伸、躯干旋转(图 5-5-1)。核心稳定性就是人体核心区肌群有效产生、传递力量、保持身体姿势与重心的一种能力,是在神经、肌肉、骨骼、呼吸等四大子系统的协同作用下,维持和控制脊柱、骨盆的稳定状态,使人体核心区保持中立位的稳定,为运动肌肉的发力提供支点,为上下肢力量创造了在运动链上传递的条件,实现了肌肉力量协同释放与叠加传递。核心稳定性包括静态稳定性和动态稳定性两种,其中动态稳定性还包括屈伸稳定性和旋转稳定性两种。静态稳定性是指对身体姿势和平衡的保持;动态稳定性是指对动作的产生和控制的维护。屈伸稳定性是指能够对完成对称的上下肢运动时,表现出的躯干在失状面中的稳定程度,而旋转稳定性是指上下肢在进行不对称活动时,躯干保持在两个或三个解剖面上的稳定性。

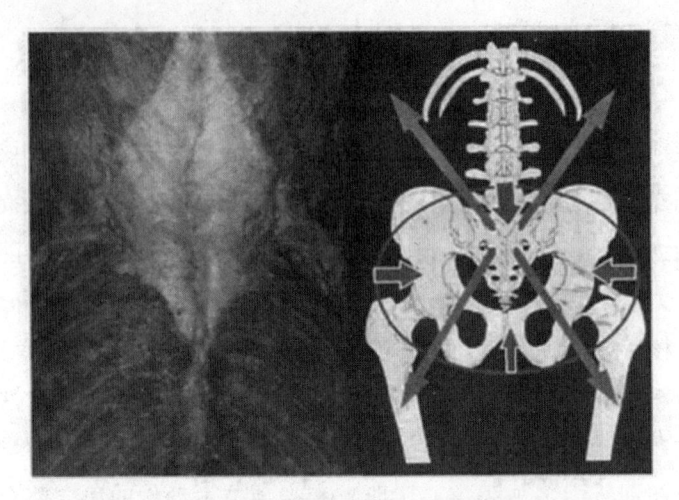

图 5-5-1　运动的力量从核心向四周辐射示意图

在网球运动中,稳定性的好坏取决于神经、肌肉、骨骼韧带以及呼吸调节这四个系统之间的配合(图 5-5-2),核心稳定性也是灵活性、柔韧性和协调能力等因素共同作用的产物。

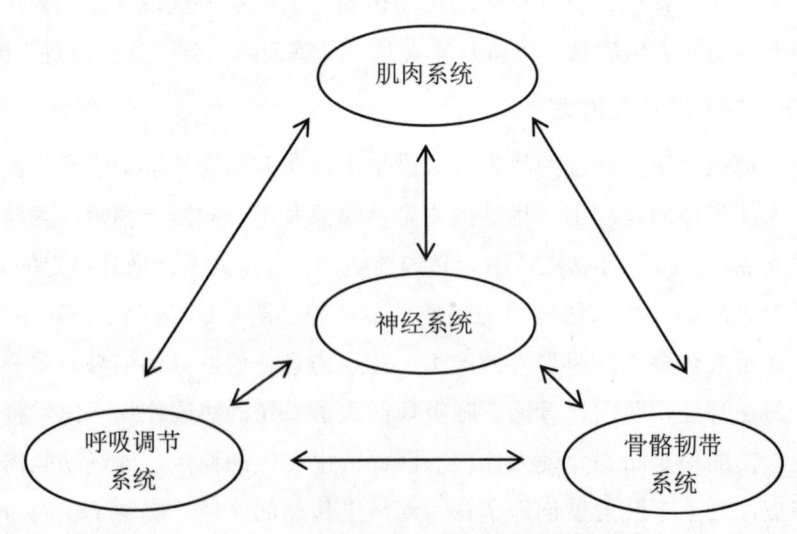

图 5-5-2　制约核心稳定性的系统因素模型

(1)神经控制子系统:主要由神经系统构成,包括中枢神经系统和周围神经系统，可以感受肌肉张力和体内外环境的变化，然后对这些变化做出分析和判断，就像是身体的控制中心和交流网络。

（2）肌肉动力子系统：肌纤维作为肌肉结构的基本单位，被肌纤维膜、肌内膜、肌外膜和肌束膜等结缔组织包裹，通过肌腱附着在骨头上。串联的弹性部分由肌腱构成，并联的弹性成分由肌纤维膜、肌内膜、肌外膜和肌束膜等构成，肌肉在神经的支配下收缩所产生的力通过这些串联和并联的弹性成分和肌腱传递到骨头，使骨头以关节为轴进行运动并对抗外力，维持身体姿势。

建立神经-肌肉控制系统需要满足四个基本要素：第一，单关节肌的动态稳定性，要求原动肌和拮抗肌共同激活；第二，单关节神经肌肉控制的训练；第三，神经肌肉反射性训练，要注意神经肌肉反射训练、关节位置的快速变化和不稳定的支撑面；第四，整体功能运动模式。

（3）骨骼韧带支撑子系统：核心区骨骼韧带系统由椎骨体、椎骨关节以及韧带、关节囊、椎间盘等结构组成。在脊柱活动的范围内，骨骼韧带系统限制核心区所有关节的活动范围，在神经肌肉系统的调节下，对保持机体正常功能位置、维持核心区的稳定性起到了重要的作用。

（4）呼吸调节子系统：由于运动时呼吸与动作的配合对核心区的稳定和力量的产生与传递起到了重要的作用，所以说明增加腹内压可以提高腰椎和躯干的稳定性。腹内压来源于膈肌、腹部和盆底肌群的共同收缩。腹内压就像一个"压力球"，试图把膈肌和骨盆底肌分割开。腹内压会造成肌肉的伸展力矩，减轻腰椎间盘的压缩力。

在4个子系统中，大多数人认为肌肉子系统是可以改造的，所以训练也多集中在肌肉系统的改造上。而现在人们认为神经控制系统的功能也可以改造，所以现在的训练更加重视对神经控制系统的改造。人体核心区的自稳能力可以通过核心区局部稳定肌群和整体运动肌群以及本体感受性功能的训练，进而大大提高，增强核心稳定性，使肌肉链的功能改善、各肌群协同整合能力都得到提高，并使机体整体运动的能力逐渐增强，不仅有利于运动成绩的提高，还能有效预防运动性损伤。

（二）核心养护性力量训练

核心养护性力量训练是指在训练中针对身体核心区的易伤部位和薄弱环节

所进行的以伤病预防为主的体能训练理念和方法。通过加强运动关节周围的稳定肌群的力量练习，可以加固关节周围的稳定性和平衡能力，有效地保证运动中的合理身体姿势和发力顺序，有效预防伤病的发生。关节养护性力量训练有效地抑制和减少训练和竞赛中伤病的发生率，并且也能加快伤后的恢复速度。

（三）核心专门性力量训练

专门性力量是根据专项运动的技术特点和运动员自身特点进行的专门性力量练习。特点是在神经系统的控制下克服体重或自由重量，在激活核心肌群参与工作时，还能够提高运动员所训练的重点肌群的力量和本体感受的能力，使运动员具备的环节力量得到整合，从而通过神经肌肉系统的功能为专项技术动作水平的提高和改进提供最大化的支持。核心专门性力量训练是核心力量训练的一个高级阶段。

（四）核心功能性力量训练

功能性力量是指在生理结构上和神经肌肉适应等方面都与专项技术动作结构相适应的专门性的力量能力。功能性力量能力位于金字塔的最底端（图5-5-3），是功能性力量技术的基础，具有根本性的作用，一般可以通过肢体动作的幅度、身体平衡与控制及一般的稳定性来反映它的水平高低，而功能性力量能力的不足则会导致金字塔的异化发展；功能性力量表现也就是我们所说的功率输出，如爆发力等；功能性力量技术是指专项技术动作模式下对力量的需求，通常指专项技术。

图5-5-3 功能性力量金字塔模型

所以，功能性力量训练会涉及关节稳定性、平衡能力、功率输出和动作模式训练等方面的内容。动作模式训练是功能性力量训练的主要内容，可分为单一动作模式训练和整体动作模式训练。所以，可以通过单一动作模式训练和整体动作模式训练两种训练，在动作模式中来提高专项技术所需要的力量、能量、神经、肌肉和本体感觉等。功能性力量训练的设计要根据不同的专项技术特征选择训练的内容和方法，规划好负荷安排和节奏，通过负重、加阻、减阻、快频等多种形式来模仿专项技术动作，从而强化神经冲动的发放频率和对肌纤维的聚集能力，着重与专项力量的衔接和转化。

（五）核心区力量训练在网球运动中的价值体现

（1）稳定脊柱和骨盆，从而维持击球时的身体姿态和重心。

（2）构建专项技术动作的运动链，可以为肢体的鞭打发力提供支点。

（3）改善协调与平衡的能力，可以增强本体的感受性功能。

（4）保证运动中的能量传递，可以提高能量输出的效率。

（5）可以提高自身肢体协调工作的效率，降低能量的消耗。

（6）可以提高场上快速移动和变向的加速能力。

（7）可以弥补传统力量训练中的不足，完善力量训练的体系。核心力量与传统力量训练既是相互区别的又是相互联系的（表 5-5-2）。

表 5-5-2　核心力量与传统力量训练的区别与联系

区别	核心力量训练	传统力量训练
参与肌群	全身或绝大部分肌群参与	身体局部某一环节肌肉或少数肌群参与
力量增长	力量+协调能力+平衡能力	力量+肌肉体积
参与轴数	三个轴向内的多维运动	多数在同一个轴向上的单一平面运动
动作路径	动作灵活多变，可选择多种运动方式	动作相对固定，一般为限定的单一路径
动作难易	较难掌握	较易掌握
训练重点	全身或多关节肌群训练	针对单一或局部肌肉训练
支撑界面	稳定或不稳定	相对稳定
训练目标	提高神经控制和如何使用力量的能力	提高肌肉力量能力
联系	核心力量训练与传统力量训练是一种互补关系。核心力量训练强调神经对多块肌肉群的支配和控制，而传统力量训练能够更有效地提高每一块肌肉的工作能力。不仅要通过核心力量训练搭建起不同部位多块肌肉或肌群协调工作的平台，同时还必须运用基础力量训练提高平台上每一块肌肉工作的能力和效率，在整体上提升平台的高度	

（8）可以预防训练、比赛中的损伤，降低受伤的概率。

第六节　网球灵敏训练

一、灵敏素质的界定

灵敏素质，就是指在突然变换条件的情况下，运动员迅速改变身体运动的空间位置和运动方向的能力，是协调能力在体能层面上的具体表现。它以加速度、最大速度和多方向技术为基础，是以做快速、变向、转体、加速和爆发性的身体移动时保持身体平衡的能力为标志。网球运动中，灵敏素质一般会表现在"起动—加速""减速—制动""转体—变向"和"跨步—急停"等身体移动中。所以，网球运动员的灵敏素质强调了减速制动的能力和之后的"减速—加速"的耦合过程。这比轻易获得和保持速度更重要，灵敏素质水平高的运动员不仅可以在不同速度的情况下灵活地改变其运动的方向、控制速度变换的节奏，还可以在高速移动中再次发力。

二、灵敏素质的分类

从网球专项的角度来看，灵敏素质可分为一般性灵敏素质和专门性灵敏素质两种。一般性灵敏素质就是在完成各种复杂动作时表现出来的应变能力；专门性灵敏素质就是根据网球运动的需要，与步法移动和专项技术等有着密切关系的，以及适应不断变化的场上环境特有的应变能力。

从网球比赛中的灵敏素质表现与应用来看，可分为闭式灵敏和开式灵敏两种。闭式灵敏又叫作程序化灵敏，是指预先设计好，在有计划、可预知和稳定的环境下进行的训练。在进行闭式灵敏训练时，运动员可以自己决定何时、何地以及如何开始动作练习。开式灵敏又叫随机灵敏，是指在没有预先设计好的程序或是随机变化的环境下进行的训练。开式灵敏训练时，运动员不知道接下来的动作是什么，只能根据突如其来的信号，采取相应的动作。

灵敏素质的提高会受到灵敏技巧、已有运动技能的数量和质量、运动分析器机能的好坏、中枢神经系统的可塑性和灵活性、各种运动素质的好坏、心理状态、年龄、性别、生化因素、体型及机体疲劳状态等多种因素的影响。灵敏素质水平的高低一般是由平衡能力、移动速度、力量水平和协调能力等因素来决定。平衡能力可以保持身体在静止或运动时重心稳定；速度可以保障身体向各方向快速移动；力量可以保障肌肉或肌肉群克服阻力；协调可以保证身体运动与感受器协调配合。灵敏技巧主要包括视觉指向和脚步与手臂动作。

（1）视觉指向。视觉的指向作用是指在进行网球运动时，不管运动方向指向哪里，头都要始终保持中立位，眼睛看着移动或击球的方向。而转动头部形成视觉指向是变向、转体或动作过渡的第一步。如果转头之前，先转动了肩部或臀部，则会导致运动路线的偏离，从而使运动效率下降和速度提升缓慢。除此之外，通过运动员的头部运动，可以判断他的移动技术正确与否。如果运动员的头部保持在水平状态，则技术动作是正确的；如果头部出现上下移动，技术动作则是不正确的。

（2）脚步动作。运动员在完成移动时，必须要借助地面足够的反作用力推动。脚步动作质量的高低会影响蹬地反作用力的大小。运动员充分蹬地，地面才可以给予运动员更大的反作用力。

（3）手臂动作。手臂动作是灵敏性训练中的一项重要技巧。在冲刺或开始加速时，手臂的动作非常重要，在变向和动作过渡的运动中，运动员必须通过新的运动形式或运动路线获得更高的加速度。有力的手臂摆动加上合理的步法变化与移动，就会重新获得较高的移动速率。

三、卫星灵敏训练仪的应用

卫星灵敏训练仪是针对网球、羽毛球、击剑、跆拳道、篮球、足球等灵敏协调性对抗类项目专门设计和研制的仪器，以提高运动员的灵敏速度和灵敏耐力等为主要目的，还可以用于运动员专项灵敏能力的测试（图5-6-1）。

图 5-6-1　卫星灵敏训练仪

卫星灵敏训练仪会根据网球等项目的特殊需求，利用视觉信号和声音信号等刺激，让运动员在移动中根据随机信号迅速做出选择、判断和快速移动，并且完成爆发性大力击球。卫星灵敏训练仪紧密结合了网球的步法移动和专项技术需求进行训练，可以有效提高运动中的灵敏速度和灵敏耐力水平。卫星训练仪具有8个方向的视觉刺激信号和2个声音刺激信号。在训练和测试的时候，可以根据不同专项的项目需求和训练目的，有针对性地设置不同的刺激信号，然后规定不同的移动方式和技术要求，选择不同的时间间隔，从而提高运动员的灵敏协调能力或专项灵敏耐力。

在网球运动员的专项灵敏素质训练中，根据网球运动的比赛和能量代谢的需求，通常会设置2～8个不同方向和角度的视觉信号，每两个信号之间的间隔约为4s，每个方向移动距离大约是3.5～4m，运动持续时间是1min。练习3～5组为1个大组，可练习2～3个大组。小组间间歇时间为1～1.5min。信号、移动和动作可根据需求的不同自行规定。训练中方向变化的设置、移动距离的远近和技术动作的难易要遵循由易到难、循序渐进的规律。在进行训练时，运动员要站在中心点，眼睛注视着灵敏测试仪器中的信号，运动员依照信号指示的方向运用不限制跑姿的方式，移动到该方向的目标物，然后迅速返回中心点，等待下一个信号出现时再次移动。

卫星灵敏训练仪有15个运动级别，每个级别有10个随机信号。信号从5s间隔开始，级别每递升一级就减少0.2s的间隔时间，一直到间隔时间为2.2s，级别就不再增加，时间也不再减少，但是运动员可以继续运动，直到无法跟上信号变换节奏，再结束训练或测试。

第六章　网球运动的安全防护

第一节　提高身体素质练习

在提高自身网球技术的过程中，除了要进行一般的网球训练，还要配合进行网球专项的身体素质训练，如灵敏、速度、力量、耐力、柔韧、协调等方面的训练。网球运动在不断向着职业化发展，其竞技水平也随着运动员的进步而不断提升，想要取胜的难度越来越大，如今的网球运动正向着大力量、快速度、强对抗的方向不断发展，体能对比赛胜负的影响也逐渐增大。现在网球运动中所倡导的"力量网球""速度网球""能力网球""心智网球"，都要求运动员具备良好的体能基础，尤其是高水平运动员之间较量的不只是技战术，更大一部分则是双方的体能较量。

一、灵敏性训练

网球运动员需要具备灵敏和协调的身体素质，这样才能保证在身体移动、不断变化、非常迅速的情况下，顺利完成各种复杂的击球动作。通常训练灵敏性会用到以下几种方法。

（一）猜拳追逃

猜拳追逃的方式是，要在场地上画一个长8m、宽2m的长方形，以长方形的两端为起跑线，把练习者分成3～5人，人数相等的两队，两队分别站在长方形的两端。一人发令，各队派出一人用单脚跳前进，在两人之间只距离一大步的时候停止，一定要在这时换另外一只脚站立，然后猜拳，输者单脚跳返回自己的起跑线，胜者则要追拍。输者在到达起跑线之前没有被拍到，则得一分，拍到了则由对方得分。之后再换人进行，得分多的一队获胜。一定要注意起跑时必须单脚跳，如果另一只脚落地，就扣一分。

（二）踢木块球

踢木块的方法是，要在场地上画一个长25m、宽1.5m的长方形，在长方形的中间画一条横线作网。两名练习者要分别站在两边的端线上。用木块代替"球"，两人运用打乒乓球的方法，一人先发球，先把球放在端线外，用一只脚跳动，把球踢到对方场地内，如果落在端线、边线和网上都算是好球。另一人从端线外用单脚跳一步到球的附近，再用跳动的那只脚把木块踢回到对方场地内，这样来回踢，如果一人把木块踢出场外，则另一个人得1分。在把球踢到对方场地后，腾空的脚可以落地，但是不能移动位置，否则扣1分。回踢的时候只能跳动一次，跳动两次以上扣1分。跳动时踩网或球没过网扣1分。

（三）扔乒乓球

在扔乒乓球时，可以根据人数和场地的情况，在地面上画一个大小适中的长方形或者圆圈。分为人数相等的两个队，一个队站在活动区外，另一队任意分布在活动区内。活动区外的队员用一个乒乓球或小沙包等向活动区内的队员投击；活动区内的队员可以在活动区内奔跑躲闪，也可以接住乒乓球。被击中的队员应暂时退出活动区。如果乒乓球被活动区内的队员接住，就可以叫一名退出的队员继续参加，没有退出队员时可存着以后用，到活动区内队员全部被击中时两队交换位置。活动区内的队员不能跑出界外，投击者也必须在圈外投击，击中头部以下有效，被击者在接乒乓球的时候，如果没接住，也算击中。

（四）钻越人障

钻越人障时需要将所有练习者分成两人一组，每组一个低凳。一个队员在低凳上做俯撑动作，另一个队员站在他身旁，在他撑起时，从他身下钻过，5～10次以后，两人交换位置。队员在钻入时不要过早起身，以免撞到同伴。也可直接在地上做俯撑，增加难度。

（五）跳绳练习

在跳绳时，重心放在前脚掌，并且正摇跳、反摇跳和双摇跳等都要练，最开始每次跳2min，然后可以逐渐提高到5min，也可以进行计数练习。每天练习一次就可以，运动量根据自己的实际情况决定。

二、速度素质训练

速度素质是人体或人体某部位快速运动的能力。速度素质训练的表现形式有动作速度、周期性运动中的位移速度和反应速度三种。在网球运动中，反应速度是运动员在预测对方来球的方向、速度和落点之后决定怎样还击的行动；跑动速度要求在对方行动变化的情况下做出回应的反应，与此同时又要在快速起动的时候变换方向或改变动作。速度训练主要有以下几种方法。

(一) 曲径移动练习

曲径移动练习的方法是，队员手持球拍沿着双打边线快速跑到网前，用球拍触网之后，沿着单打边线后退步回到端线。向前跑到发球线时，变成跪步跑到发球线的中央，之后再沿着发球线向前跑，用球拍触网，然后用后退步跑到发球线。侧跪步到另一条单打边线，向前跑用球拍触网，之后沿着单打边线后退到端线，再沿着双打边线向前跑到网前。练习过程中可以记录一下跑动时间，进行对比。

(二) 碰线移动练习

碰线移动练习，要从双打边线外向前跑，用手碰到最近的线，然后用后退步回到开始时的位置，再向前跑用手碰场上所有线，顺序是：双打边线→单打边线→发球中线→另一单打边线→另一双打边线→单打边线→发球中线→单打边线→双打边线。可以两人分别站在半场内同时练习，也可以两人进行比赛，通过计时相互比较。

(三) 四球移动练习

四球移动练习，可以先在双打边线外放 4 个球，拿着第一个球快速冲刺到最近的边线，把球放在线上之后，快速跑回去拿第二个球，冲刺到下一条线上，同样把球放在线上。重复至把 4 个球都放在不同的线上。也可把所有的球都放在线上之后，跑到最远的一条线上，然后再把球一个个捡回来，放在同一个位置。

(四) 四角移动

四角移动需要在发球线与中线的交点位置放 4 个球，在单打半场的 4 个角分别画上圈。练习者从双打边线外的发球线处开始跑，到了放球处捡起一个球，放在一个角上后回到放球处，再捡一个球，把它放在另一个角上并返回。重复动作，直到 4 个角上都放上一个球。然后再反方向一次把 4 个球都收集起来一起放回原处，放好后马上返回起跑点。

(五) 围追堵截

围追堵截的方法是先在一块场地中间画两条相距 2m 的平行线，将参加者分为人数相等的两组。两组面对面站在线旁，在场地的两端各画上两条与平行线相距 20m 的终点线。发令员吹哨 1 次时，两组队员不动，发令员吹哨 2 次时，其中一组队员迅速跑动去追拍另一组队员，另一组队员立刻转身向本方的终点线跑。最后抓获较多队员为获胜。发令员吹哨 3 次，则变换追捕方。一名队员只能追拍对应的一个人，并且不能继续追拍已跑到终点线的队员。

三、力量素质训练

力量素质就是肌肉系统在工作时克服和对抗阻力的能力。人体完成各种动作的力量来源于肌肉力量，如果一个人丧失肌肉力量，那他的各种社会活动都将受到严重的影响。主要的力量训练方法有以下几种。

（一）俯卧撑和立卧撑

俯卧撑的练习方法是，第一，双手撑地，与肩同宽，两腿向后伸直，脚尖点地，不能塌腰。上身下沉的时候，两臂要紧靠身体，然后再起身。这可以发展运动员的上臂肌。第二，双手撑地，略比肩宽，两腿向后伸直，脚尖点地，不能塌腰。上身下沉的时候，两臂要向外展，然后再起身。这可以发展运动员的胸肌。

立卧撑的练习方法是，练习者站在原地，之后下蹲，双手撑地，两脚向后蹬直，再收腿下蹲，站立。在开始时要尽力完成练习，争取可以多做几次，每天练习两次。

（二）哑铃练习

哑铃练习的方法包括：①两脚开立，两手持哑铃放在体侧，做两臂平举接上举至头的动作；②两腿并立，两手持哑铃于胸前，做扩胸动作；③两脚开立，右手持哑铃放在肩上，向上做臂屈伸的动作，然后再换左手；④两脚开立，略比肩宽，两手握哑铃，做体前屈，顺时针方向连续做腰部大绕环的动作，然后再换逆时针方向做；⑤两脚开立，两手握哑铃放在肩上，先左后右做体侧动作。运动量要根据个人自身情况而定，遵循从小到大的原则，争取发展身体这几个部位的肌肉群。

（三）跨步跑

跨步跑需要在空地上交错画 10 个直径为 0.5m 的圆，排成两列，纵、横圆心的距离都是 1.5m。从起点开始，用单跨步的方式依次跨跳 10 个圆圈。但是在跨跳的时候，只能单脚踩进圆圈。这个练习方法主要训练的是下肢肌的爆发力。

(四) 引体向上和双杠臂屈伸

这两种练习的目的是为了发展运动员上肢力量和躯干肌的力量。

其练习方法是，双手反握单杠，屈手臂，身体向上移动至下巴过杠。再用正握杠做引体向上，主要可以锻炼上肢的肱二头肌。双杠臂屈伸先是撑上双杠，然后屈肘，身体向下降，伸臂的时候身体向上移。在练习的时候要尽最大努力争取连续多做几次，也可根据自己的实际情况规定数量。

(五) 背拉对抗

背拉对抗的方法是，在地上画两条相距 8m 的平行线作为终点线，两条线之间画一条直线，把练习者分成人数相同的两队，背对背站在中线两侧，两人要互相挽臂。开始的时候，两人要对抗，尽力把对方背起来，若被对方背到终点线则算输。注意，只有在发令员发令之后才可以互背，而挽臂之后则不能随意放松，被背者不能踢人，练习的次数和时间可根据练习者的情况而定。要认真对待练习，精力集中，不互相打闹，避免发生意外伤害事故。

四、耐力素质训练

耐力素质也称"耐久力"，是组成人体身体素质的重要部分之一，也是一种可以体现个体健康水平和体质强弱的重要标志。所有运动项目都要求运动员具备一定的耐力素质。耐力训练就是要在平时的身体训练过程中，有计划地针对影响耐力的各个因素进行训练，从而扩大有机体进行一般工作的机能能力，建立起提高专项负荷的条件，并将素质转移的效果作为发展专项耐力的基础。

五、柔韧性素质训练

由于网球运动需要髋、腰、膝、腕关节活动幅度及上、下肢肌肉和韧带的伸展能力，所以网球选手需要具备较高的柔韧素质。柔韧素质对于网球选手掌握和提高技术动作、避免运动创伤和发展其他身体素质起着重要的作用。柔韧素质训练应在力量训练的前后进行，每天要伸展 15～20min。训练柔韧性的具体方法有以下几点。

(1) 身体仰卧在地面上，手臂向头上伸出，使自己尽可能地伸展，坚持 30s。

（2）颈部伸展，盘坐在地上，低头使自己的下颌触胸，抬头向上望，头右转向右肩的方向看，头左转向左肩的方向看，在两肩保持下沉时，尽量用右耳触右肩，然后左耳触左肩。每种动作都至少持续 10s。

（3）肩部伸展，用左手抱住右肘向胸部拉，坚持 5s；将手肘放于头后，重复做，左右肩交换进行。站立后，手臂在身体后伸直，双手交叉进行伸展。

（4）三角肌伸直，左手抱右肘，在头后向左拉肘部，躯干随之向左侧侧屈，坚持 30s。再重复做右边。

（5）肘和腕的伸展，这种练习是防止网球肘的重要方法。手肘向前伸直，掌心朝上，用另一只手慢慢将手腕后伸；手掌向下，慢慢将手腕向下伸。这两个动作可达到拉伸手臂前、后部位肌肉的目的。两个手臂都要坚持练习 5s。

（6）股四头肌伸展，站立，用左手握住自己的左脚踝，坚持 5s，慢慢地将左脚跟向臀部拉伸。然后再做另一边，每边坚持 30s。

（7）大腿后部肌肉伸展，先坐在地上，右腿屈膝，将左腿向前或向侧面伸出，可以选择一种较舒服的位置。用触左脚的脚后跟来放松大腿的后部，坚持 5s；一定要保持后背平直，抬头，腰部向伸展的左腿所指的方向前屈，坚持 30s。再进行另一侧。

（8）后背伸展，仰卧在地上。一条腿伸直，将另一条腿紧紧地抱向胸部。然后重复进行另一侧。

（9）内收肌伸展，两腿开立约 60cm。右膝弯曲站立，然后进一步屈右膝，直到左腿的内收肌有明显牵拉感，坚持 30s。再重复进行另一侧。

六、协调性素质训练

身体的协调能力是一种能够代表人体不同部位协同完成身体活动的能力，是肌肉神经系统、时间感觉、空间感觉以及环境观察与适应调整能力的综合表现。训练协调性有以下几种方法。

（1）在发球区内做较高难度的动作，例如，一次用两只球对打。

（2）运动员站在一端发球线的"T"字上，教练员站在另一个"T"字上，并且快速送出 6 只球，然后让运动员用抽球的动作截击。

（3）教练员给运动员送球，击球的顺序是：抽球截击→高空截击→轻吊截击→反手扣杀→正手高压。教练员向运动员送不定点的正手高压球，如向运动员反手一侧送高球。

（4）运动员先打一反手扣杀，然后再用正手轻吊截击；运动员先打一正手高压，然后再用反手轻吊截击；教练员随意给运动员送球。

（5）运动员站在底线，教练员在运动员正面2m处低手送球。教练员运用不同的方向、深度、高度和速度向运动员连续送出8只球，主要目的是训练运动员在极短的距离内快速移动和改变方向的能力。

（6）在发球区内，在左右两侧都使用双手击反弹球。

（7）在发球线上击反弹球。定点交替使用正反手身前击反弹球；不定点交替使用正反手身前击反弹球；两次都将球送入运动员正手一侧，而第二个球运动员必须在反手一侧击球。

七、高水平网球运动体能训练的基本要求

由于现代竞技网球运动的不断发展，也给运动员的体能提出了相当高的要求。

（一）把握体能训练核心要素

网球运动的所有技战术设计都需要体能的支持，而体能训练有三个基础点，它们是：力量、速度和耐力。深化力量是网球体能训练基础的根本，把握速度是项目核心的理念，做到这两点才能不断提高运动员的心肺能力和专项耐力。速度在网球比赛中十分重要，它可以直接反映出运动员的体能水平。要提升运动员的核心能力，不只是发展加速、启动能力，而是要发展中枢神经对机体的控制，如强化减速和急停能力，做到这些，运动员在场上才可以有快速移动能力和灵活的反应能力。着重训练运动员在场上向各个方向快速小步移动及变向能力、合理的步伐变化及灵活的结合步长和频率的能力。

体能训练的主要目的是让运动员在比赛时表现得更好。虽然现在网球比赛的时间缩短了，但是其比赛强度、运动员和球的速度以及力量都远超于之前的水平，一般每一分僵持的时间都不会超过15s，这个速度比15年前的数据快了50%。正是由于运动员的打法、战术以及比赛规则的不断改变才导致了这种情况的发生，所以，运动员的爆发力在实际比赛中会起到很重要的作用，在平时训练中也要着重培养运动员的爆发力。运动员进行器械训练虽然可以很快地锻炼到肌肉，但是这种训练效果不能马上反映在球场上，为了提升转化的速度，在训练室可以采取基础力量练习，之后立即转入爆发力练习的方式，这样更加贴近项目的特征，使运动员肌肉能力的提升更快地体现在球场上。根据资料显示：如今运动员在网球比赛中肢体参与运动的时间分别是腿和腰占54%，肩占21%，肘占14%，腕占11%。从这里可以看出网球运动发展到现在，基本上都是依靠下肢运动，所以，更应该要加强体能训练中核心力量的训练。而由于躯干是连接上下肢的中枢，因此，还要加强核心稳定性的训练，同时加强肩关节、膝关节和踝关节的稳定性练习。

（二）在预防伤病的基础上保持体能训练的连贯性

要想顺利进行身体训练，首先一定要做好预防伤病。任何训练都要先由小重量、少次数开始，一定要把动作做标准，熟悉每一个动作的发力部位，同时初步建立神经肌肉的运动模式，给肌肉带来一定刺激，打下肌肉力量的基础。在有一定肌肉力量的基础上，逐渐增加运动中的重量，在进一步的力量基础上进行最大力量和爆发力训练。同样，有氧训练也要在一定的基础上，逐渐增加训练的强度和训练的时间。使运动员在逐渐接受训练强度的同时更好地预防训练中可能出现的损伤。长期坚持这种连贯性的体能训练，可以保证身体获得一定效果，使体能水平提高，但是一旦由于各种原因停止训练，各项身体素质就会全部下降，等再次进行体能训练时，又要从低水平起步，形成一种"训练提高—停止训练下降—再从下降后的低水平开始再训练再提高"的循环，这种循环只能使运动员的体能一直在低水平波动重复，并不会产生长期提高运动员体能水平的实质性效果。与此相对的良性模式就是"训练后提高—在赛期或伤病时尽力保持—在原有效果上再训练再提高"，这种阶梯式的上升模式才能够真正做到提升运动员的体能水平。高水平运动员很难再提高自身能力，因此高水平运动员之间的实力差距也非常小，但是经过长期的努力，就算是很小的提升，也会在比赛中发挥出很大的作用。

为了保证体能水平不下降，即使在赛期和伤病期也必须进行科学的体能训练。一般赛期的体能训练特点是强度大、时间短、做赛前经常做并且熟悉的练习，这样在对机体进行高强度刺激，使机体始终保持兴奋和适应性的同时，还不会产生肌肉酸痛、损伤以及机体疲劳的情况。赛期的体能训练还要注意越临近比赛日期，安排的训练内容就越要接近专项训练，主要练习专项身体素质，一定要保证每天都有1～2项的身体素质训练，但是一天有两场比赛除外，因为两场比赛的运动负荷已经足够，只需在比赛之后安排12min左右的放松跑作为整理活动即可，避免加深疲劳。在赛期进行身体训练主要是为了保持体能水平、快速恢复体能和预防比赛可能带来的伤病，所以在赛期还要进行恢复性和伤病预防性练习。伤病期间科学地安排体能训练，可以保持训练的连贯性。网球运动带来的伤病大多是局部的，没有受伤的部位应继续训练，进而更好地保持甚至提高体能水平，并且还能促进伤病康复。

（三）高水平网球运动员的体能训练应具有针对性

1. 制订个性化的体能训练计划

体能训练计划是一种高度个性化的训练计划，所以在制订计划时需要考虑运动员的训练情况、伤病情况、比赛计划和艰苦性以及与计划相匹配的营养条件等多种因素。在整个计划制订的过程当中，应严格将运动员在比赛日程中的具体能力和情况当作参考依据，在赛期时还需要考虑运动员诸如上一轮的比赛成绩及耗时、路途消耗、环境等更多的因素。科学的网球体能训练计划要根据运动员的实际情况和其在比赛中的数据进行不断的修改和更新。如果在系统训练的过程中出现运动员耗竭的情况，那这种体能训练计划绝对不是科学的，因为运动员的高峰状态应该保证出现在比赛当中。如果在训练中就达到高峰状态，在比赛当中的状态就会出现下滑。而有些教练在发现运动员的状态出现下滑时，就会认为是其体能训练不足，但恰恰相反，出现这种情况往往是由于运动员的训练过度。所以，网球教练一定要学会阅读运动员的训练计划，并且及时更改训练计划，争取给运动员提出最科学的指导。

2. 根据比赛场地来确定体能训练的重点

不同的比赛场地对运动员的体能要求也是不同的，所以要针对运动员的脚下移动技术和场上机动能力进行不同的训练，进而更好地适应不同的比赛场地。在较硬的场地上比赛，运动员要具备极大的弹性和反应力量以及突然加、减速的能力。在黏土场地上比赛，则需要另外设计训练计划，主要进行以提高运动员的稳定性力量、静力性力量和离心收缩力量的训练。在草地网球场上比赛，需要进行全面的静力保持练习和小范围内动力活动的练习。由于草地网球场会吸收蹬地的力量而不能给予反弹力的特殊性，因此，身体状态极佳的运动员在草地上进行训练或比赛后，也会感到全身酸痛，而且草地还会吸收一部分网球的弹性势能,使球弹起的高度降低,迫使运动员在击球时需要保持较低的重心。

3. 不同阶段的体能训练安排不同

由于训练时间距离目标比赛的时间长短不同,体能训练可以分为一般准备阶段、专项准备阶段、赛前阶段和比赛阶段。在不同阶段中体能训练的内容、负荷与侧重点都是不一样的:①一般准备阶段是为专项和高水平的身体训练做好准备,训练内容简单,负荷小,比较侧重有氧耐力、平衡性和小力量的练习等;②专项准备阶段是针对性地提高运动员的专项素质,内容结合专项需求,训练负荷会逐渐增大,训练时间缩短,主要侧重速度、爆发力和无氧训练;③赛前阶段是保持体能的逐步提高,进行强度大且专项的训练,但是运动量不会增加。由于越来越接近比赛时间,所以会减少有氧训练和训练总时间,增加力量训练的比重,专注于灵敏性、速度、爆发力和无氧训练;④比赛阶段是为了达到并保持最佳的体能状态,期间包括短时间大强度的力量训练、一定的耐力训练以及一些赛间的恢复性训练。

4. 针对网球运动的特点安排体能训练

网球运动是一种高水平的、短间歇的、连续爆发式用力的运动。所以在体能训练时就要根据这个特点来安排,尽快使神经肌肉模式与心肺机能可以适应网球运动的特点。由于低水平长时间的疲劳训练会使身体产生低水平的神经肌肉模式与心肺机能的适应,使得网球运动员产生不好影响,所以要求运动员要以比赛的状态投入到日常训练中,科学合理地训练。

(四)非赛季和赛季体能训练的科学安排

在非赛季的训练中,初期以体能训练为主导,越靠近比赛日期,越要增加专项训练。要注意增加有球训练,适当减少大力量训练,逐渐从有氧训练转换为无氧训练。比赛期间的训练计划要根据不同运动员的自身特点区别对待。教练员需要了解自己队员的具体情况,根据其特点和赛事情况,安排适合他的体能训练。

(五)重视网球运动员的伤病预防和康复

对于运动员来说预防伤病是非常重要的,运动员只要出现疼痛,就要及时进行检查。如果某个部位有疼痛,就说明其身体的这个部位的肌肉力量不平衡,这是运动员受伤的主要原因。伤病产生的原因有很多，所以提前预防是很好的办法。预防伤病可以在集训前做一个测试，这种测试包括体态、素质、机能。然后通过测试的结果分析出运动员当前的身体情况和机能情况，并及时发现和预防伤病。除了这种测试，了解运动员的病史也非常重要，如果某个关节受过伤，就很有可能再次受伤。运动损伤可能不能根治，但是可以恢复其运动功能。一般的治疗师只能帮助缓解疼痛，但不能将伤病根治，而体能教练可以帮助运动员恢复运动功能。以康复为主要目的的功能性训练可以增强受伤运动员的关节稳定性、神经肌肉控制力、肌肉力量和耐力，并且以康复为目的的核心力量训练的主要特点是轻负荷、较长时间的肌肉紧张以及较低的运动速度，可以提高运动员核心肌肉群的耐力，而不是提高力量和爆发力。

（六）促进赛后体能的恢复

1. 合理安排膳食补充

补充合理的膳食营养是保证运动员营养素的需要和维持体能的最重要的物质基础，并且对日常的训练起到重要的保证作用。一般网球运动员每天的能量需求是 2700～4200cal，所以运动员每天必须摄入足够的膳食营养来保证能量需求。

2. 牵拉放松和康复治疗

进行康复训练是积极恢复体能和减少伤病的保障。训练、赛前的伸展和训练、赛后的牵拉、放松以及冰敷有伤的部位，都是国家网球队员每天必须要做的事情，也是运动员在赛间能够保持良好体能状态的重要环节。在运动之前进行伸展有利于肌肉放松，提升身体的温度和心率，使体温升高、血液循环加快，并且还能活动各个关节部位的肌肉。

第二节　网球运动注意事项

一、准备活动与整理活动

根据人体机体活动能力的变化规律，我们知道在一个完整的锻炼程序中，需要有一个开始时的准备和调适阶段，也需要有一个结束时的整理和放松阶段，所以在训练时也要有准备活动和整理活动。

（一）准备活动

在进行体育锻炼前要充分做好准备活动。通过准备活动不仅能提高锻炼的效果，还能够有效减少运动损伤。准备活动主要是为了使机体逐步进入运动状态，从而提高中枢神经系统的兴奋性，达到适合的训练水平。准备活动被分为一般性和专项性两种：①一般性准备活动是指在正式练习之前进行的以慢跑为主的，活动量较小的全身性体育锻炼，同时还可以做一些伸展性的体操以及牵拉性练习等，目的是充分活动身体器官，为接下来的体育锻炼做好准备。②专项准备活动是指一些与运动项目类似的准备活动。专项准备活动的时间不能太长，但质量一定要高。准备活动时间控制在 5～10min，如果天气比较冷，可以适当延长时间，天气热则适当缩减时间。如果活动形式只是散步，就可以不做准备活动。准备活动不仅可以使身体机能尽快进入最佳状态，还可以使心理活动达到最佳水平。准备活动结束的时候，要保证身体和心理全部投入到训练中。

（二）整理活动

在训练或比赛结束之后，运动员一般都会采取积极的休息方法，进而解除肌肉的疲劳，放松自己的神经系统和其他器官的紧张状态。打网球时，持拍手臂的疲劳程度会非常高，所以解除疲劳非常重要。

二、网球运动中的"呼吸法"

在比赛中，我们经常能看到有些网球球员在击球时发出各种喊叫，其实这是一种尽力吐气的方式，可以帮助球员在击球时正确呼吸，放松身体肌肉，提高击球时的稳定性。无论是什么运动，都要非常注意配合呼吸，正确的呼吸方法可以有效缓肌肉僵硬，还能起到放松、协调伸肌和收肌，以及消除心理紧张的重要作用。网球运动中，常用的呼吸法包括基本呼吸法、特殊情形呼吸法、双重呼吸法以及挥拍击球呼吸法。

（一）基本呼吸法

在进行一般运动或平常练球时，由于强度不大，时间充足，所以在调整运动机能时，呼吸一定要慢而长。呼吸时间的长短大约是慢慢吸气 5s，然后憋住 3s；再慢慢吐气 8s。基本呼吸法的原则就是吐气的时间要比吸气的时间长。

（二）特殊情形呼吸法

运动比赛中往往会有一些比较关键的时刻，如篮球的罚篮、足球的罚点球以及网球的局点盘点等，这种情况下没有充分的时间采用基本呼吸法来调整自己的心理和情绪，所以就要控制呼吸时间，使呼吸时间缩短。也就是慢慢吸气3s，憋气2s之后，再慢慢吐气6s。特殊情形呼吸法的原则就是拉长吐气，保证吐气的时间大约是吸气时间的2倍。在网球比赛中遇到局点和盘点，可以通过这种呼吸法来确保发球或接发球的稳定性。

（三）双重呼吸法

特别紧张、激烈的比赛中，如篮球比赛到了最后时刻的关键罚篮、足球比赛决定胜负的点球大战、网球比赛的赛末点以及比赛中，当形势非常不利，自己被打得晕头转向，亟须扭转局面的时候，就可以采用"双重呼吸法"。具体方法是，第一次大口深吸气，然后再一次尽可能吸气，之后屏住呼吸，5s之后，一口气持续深深地吐出去。双重呼吸法的原则就是一定要在第二次吸气的时候极力吸到极限为止，然后持续、深深地吐气，从而达到彻底放松身体的目的。

（四）挥拍击球呼吸法

网球运动中正反手底线挥拍与呼吸的配合，尤其在进行慢速挥拍的时候，挥拍击球呼吸的方式就会更加清楚。挥拍击球时向后引拍的阶段，是吸气过程；挥拍到身体的最后位置等待来球时，是憋气、蓄力的过程；向前挥拍时，是慢慢吐气的开始，击中球的一瞬间，是最大吐气的时候。为了可以尽力吐气，很多运动员会有各种叫喊声。在击球的瞬间，吐气时间的长短、快慢，会严重影响击球动作的稳定性。因此，在吐气的阶段，吐气的速度要随着挥拍的速度变化。打快速球的时候，吐气要快；打慢速球的时候，吐气则要比较慢。

三、不同季节网球运动的注意事项

（一）春季打球的注意事项

1.春季打球着装的有关事项

在进行热身活动的时候，应该多穿衣服，尽量减少脱衣的次数，在热身效果增强之后，再适当减少衣物。千万不能在一开始时就穿很少的衣服，这样不仅会受凉感冒，还会在身体感觉寒冷的时候，使肌肉、关节、韧带都变得僵硬，影响正常训练，甚至造成拉伤等不必要的损伤。如果在打球的过程中身体开始出汗，需要减少衣物时，一定要保证最外面的衣服可以挡风保暖，因此运动员一般都会选择将运动风衣穿在外面。打球之后，一定要及时将汗湿的内衣换掉，避免感冒。除此之外，还要在身体感到冷之前穿上衣服，然后适当地做一些放松练习。

2. 网球用具使用中的有关事项

如果不是专业网球运动员需要经常训练，而是一般的网球爱好者，那么在冬季打球的次数和时间都会相对其他季节少。等到入春之后，再次拿起球拍打球，就会感觉水平有所下降。出现这种情况，不单单是因为打球生疏的原因，还可能是因为拍弦需要更换。所以在春季时想要顺利进入打球的状态，及时更换拍弦和网球也非常重要。

3. 在雨季期间打球的注意事项

一般在经历了阴雨连绵的季节后，天气一旦转好，网球爱好者们就忍不住去球场打球，在这时需要注意以下几点。

（1）虽然在雨季很少碰到天气放晴，但也不能太过兴奋，打球的时候要注意循序渐进，逐渐增加运动量和运动强度，千万不能做出过于猛烈的动作。

（2）不能在有积水的地面打球。

（3）不能冒雨打球，一旦中途下雨就要迅速离开。

（二）夏季打球的注意事项

1. 避免长时间的阳光暴晒

夏季的阳光对皮肤的损伤非常大。最好戴一顶浅色的帽子遮阳。也绝对不能赤膊上阵，不仅有伤大雅，还会损伤皮肤。

2. 适当、多次地饮水

如果在炎热的夏季练习或是比赛，一般要在练习和比赛之前 1h 左右补充 300～600ml 的水。而如果喝经过稀释的运动饮料则更佳，不仅口感好，而且比水更容易吸收。在练习和比赛当中，也要经常地喝水，可以少喝勤喝。在练习和比赛后，不能立即"暴饮"，否则会增加肠胃的负担。除此之外，不要喝冰水，以免对喉咙产生过度的刺激，严重会导致失声。

3. 及时更换运动衣

出汗后及时更换运动衣,因为运动衣在风干的过程中会消耗体内的热量,使人产生疲劳。

4. 控制运动量和运动强度

要根据自身实际情况控制运动时间和运动强度,尤其是在夏季,运动强度不能太大,一般可以保持在正常运动量的70%。运动时间也不宜过长,避免中暑。

5. 保持充足睡眠、均衡饮食

夏季打球,为了降低疲劳感、避免中暑,一定要保持充足的睡眠。多食用含碳水化合物和维生素、矿物质的食物,避免体内的维生素和矿物质随汗水流失太多,维持体内的营养平衡。

6. 冲凉水澡是不可取的

有些球员会在打球过程中把水浇在头上解暑,但头发被水浸湿后,随着水分的蒸发,会造成不必要的体能消耗,反而更易中暑。而且在打球之后,也不能急于游泳或冲凉水澡,因为这样的行为会使本身发热的身体突然受到冷刺激,对身体机能造成损害,还容易出现肌肉抽筋的现象,甚至发生危险。

(三)秋季打球的注意事项

1. 晨练要控制运动强度和运动量

很多网球爱好者会选择进行秋季晨练,但是也要保证在不影响日常学习和工作的前提下进行,要控制好运动量和运动强度,合理安排运动内容。

2. 根据天气变化增减衣服

由于秋季早晚温差大,所以要及时根据气温加减衣物,避免感冒。尤其是晚上打球,更要注意适当添加衣服。

3. 及时更换运动衣

运动后应及时更换汗湿的衣衫,再穿上外衣,切不可让汗湿的衣衫自然风干,避免着凉。

(四)冬季打球的注意事项

1. 调整网球拍弦

由于冬季存在冷缩的作用,拍弦就会有些不适。一般冬天球拍的热胀冷缩系数要小于拍弦，所以拍弦会比平常更硬、更紧。这时就要把穿弦的磅数适当降低，保证球拍处于正常状态。

2. 选择较正常气压的球练习

天气寒冷会使旧网球内的压力出现变化，从而显得太软、太重，时常会感觉打不动球而不断增加手腕和手臂的负担，但长期如此，就会造成手部损伤，所以要及时更换旧球，用气压正常的球进行练习。

3. 勿在冰雪和冰场地上打球

在冬季，若降雨、雪，而网球场地比较大，为了保护场地的面层，网球场不能做到彻底清扫，经常会留有部分冻雪或冻冰。因此，不可贸然上场打球，以免摔伤。

4. 寒冷冬季打球的时间

冬季打球可以选择在 10～15 点之间打球，这时气温会有所上升，在太冷的气候下打球，不仅会影响网球和球拍的质量，甚至会影响人的身体健康。

四、参加业余比赛的注意事项

（一）严格遵守比赛时间

由于网球比赛的时间并不是确定的，而且比赛安排一般都是连场的，也就是下一场比赛紧接着上一场，再加上业余比赛中常出现弃权等因素，只能大概知道自己的比赛时间，所以运动员一定要尽量提前到场准备。

（二）弃权要通知组委会

业余比赛常常出现弃权的现象，其原因有很多：①因为受伤无法参赛。②因为工作或学习的时间与比赛时间冲突。③业余比赛的赛制一般先进行小组赛，小组出线之后才是淘汰制。一些选手在小组赛就连输几场，没有机会出线，就不想再耗费财力和精力参加接下来的小组赛。但不管是哪种原因，都要及时通知组委会，让组委会转告对手，避免对手白跑到赛场。

（三）尊重裁判和对手

有一部分业余比赛是没有裁判的，都采用信任制；而还有一些赛事有裁判，但也是刚从裁判培训班出来的，水平不是很高，很可能出现误判、漏判等情况，所以，要控制好自己的情绪，争取尽快解决问题，而不是将矛盾激化。

（四）不要场外指导

网球比赛有明确的规定，只有团体比赛可以有场外指导。这与其他比赛不同，也是网球运动独有的乐趣：凭借自身锻炼出来的智能、体能和技能，独自面对困难，赢取比赛的胜利。但还是有人会在比赛中指手画脚，这不仅是对双方球员的不尊重，破坏了公平公正的原则，还剥夺了运动员独立思考的权利。

（五）不要过于一边倒地支持

对于自己喜欢、崇拜的球员，为其加油助威理所当然，但如果对方球员发球失误或击球下网时，不应大声喝彩，观看比赛时要为双方的好球喝彩，但绝不能因对方的失误就欢声雷动。

（六）赛后要握手

网球运动是一项绅士运动，无论赢球还是输球都要调整好心态，与对方以及裁判进行礼貌的握手。

第三节　预防网球运动常见损伤的方法

一、起水泡

起水泡是运动中一种很常见的损伤，在网球运动中通常会出现在手部的拇指关节内侧、掌根与拍柄后部接触的部位以及前脚掌。预防起水泡的方法包括：①加强练习，增强手掌皮肤的耐磨性；②选择拍柄粗细合适自己的球拍；③使用柔软防滑的柄皮或在原有柄皮上缠一层柔软的吸汗带；④要穿大小合适、穿着舒适的运动鞋；⑤选择减震效果好的球拍或是安装减震器；⑥提高击球准确性，避免在击球的瞬间球拍被动旋转；⑦握拍时要自然放松，只有在击球瞬间才用力握紧球拍。

二、肌肉拉伤

肌肉拉伤是指肌纤维的细微损伤或肌纤维的撕裂、断裂。预防肌肉拉伤的方法有：①充分进行准备活动；②加强容易拉伤部位对抗肌的力量和柔韧性的练习；③控制好打球时的运动量与运动强度，不要使身体一直处于疲劳状态；④使用正确的击球技术，不能暴力击球；⑤避免在气温过低或湿度过大的情况下打球。

三、关节扭伤

在网球运动中，经常会出现踝关节的扭伤。这是由于在急停或奔跑的时候，脚的外侧先着地，容易造成踝关节扭伤。同时，侧向的急跑或是急停也很容易造成膝关节扭伤，而在做急停变向跑或是发球时的背弓动作则很容易造成腰部扭伤。预防关节扭伤的方法包括：①针对易扭伤部位，锻炼其肌肉力量；②在易伤的部位进行保护性固定；③要选择鞋底合适且较为宽大的网球运动鞋；④认真做准备活动；⑤掌握正确的移动和击球的动作；⑥注意场地的平整。

四、网球肘

网球肘又叫作"肱骨外上髁炎"或"肱桡关节滑囊炎"，具体表现是手肘外侧的肌腱发炎疼痛。一般患上网球肘的人在用力抓握或提举物体时都会感到肘部外侧疼痛。预防网球肘的方法有：①一定要增强手臂、手腕的力量和柔韧性的练习；②安排合理的运动强度，不能使手臂过度疲劳；③充分热身，做好准备活动，尤其是做好手臂手腕的练习；④打球之后进行放松运动，使紧张的肌肉放松、柔软；⑤使用弹力绷带和护肘；⑥选择适合自己、软硬适中的球拍；⑦使用甜区大、重量轻、柏柄适中、穿弦松的球拍；⑧纠正错误的击球动作。

五、网球腿

由于膝关节在伸直的情况下，突然蹬地提踵起跳时受伤很容易引起网球腿。在接高球时经常会使用这个动作。接高球时，腓肠肌在已充分收缩的情况下又强加一个很大的力，这个时候就很容易造成拉伤或拉裂。除此之外，膝关节在伸直时，突然一个严重的外翻或是内翻扭伤，也可能导致腓肠肌内侧头或外侧头拉伤或者拉裂。预防网球腿的方法包括：①做好准备活动，在身体发热时充分牵拉肌肉和韧带；②增加大腿后侧和小腿三头肌肌肉力量的练习；③小腿三头肌出现僵硬酸痛的时候，一定要进行放松治疗，运动时最好戴上护腿。

六、小腿抽筋

小腿抽筋又被称为腓肠肌肌肉痉挛，也就是小腿的腓肠肌发生不能控制的强力收缩所表现出来的一种生理现象。当小腿抽筋时，要冷静、放松，不能太紧张，应在原地坐下，伸直膝关节，自己用同一侧的手拉住脚尖，慢慢、尽力地向后拉。千万不能用力过大、过猛，以免损伤肌肉。还可以热敷小腿，促进小腿的血液循环，加快恢复速度。预防小腿抽筋的方法主要包括：①做好热身准备活动；②停止训练或比赛后，做好肌肉放松活动；③提高肌肉的耐久力；④控制运动量，不要使小腿肌肉过度疲劳；⑤冬季在室外打球时，注意保暖，必要的时候，戴上护腿或穿上网球袜；⑥夏季打球时，应多喝水和运动饮料，及时补充流失的水分和电解质。

第四节　消除网球运动疲劳的方法

每个人在学习、工作、运动之后都会有疲劳感，这是每个人都会经历的一种正常生理现象。网球运动性疲劳是指在进行网球运动的过程中，人体的运动能力和身体功能暂时出现下降的正常生理现象。运动之后，如果出现了疲劳是对身体没有损害的，而是对身体的一种保护信号，同时，提示人们注意不要过度疲劳。

一、运动性疲劳产生的原因

生理学家的研究认为，运动性疲劳是一个综合的复杂过程，这与人体的多方面因素和生理变化有很大的关系。

（一）运动能力与身体素质的变化

人体各器官系统的能力都会对运动能力和身体素质产生很大的影响。人体各器官系统的功能在肌肉工作中会以身体素质的形式综合反映出来，如果各器官功能下降，就一定会影响人体的运动能力和身体素质。

（二）体内能源贮备的养分和身体各器官功能降低

相关研究表明，人体运动后产生疲劳感，会使体内能源物质消耗得更多，例如，在进行2～3min快速性运动，使身体非常疲劳时，将会使肌肉内的磷酸肌酸降低到接近最低点。

（三）精神意志因素

在运动的时候，人体的神经系统会指挥着各个器官系统进行活动，如果神经系统的功能降低,或神经细胞的抑制过程加强都会使人产生疲劳感。但是由于人的情绪意志状态可以动员机体潜力,使疲劳感推迟出现,因此,在进行运动的时候,要全身心地投入,保持积极的情绪,这样才能提高锻炼效果,并且减少疲劳感。

二、网球运动中推迟疲劳出现的因素

如果网球锻炼或运动训练后产生的运动性疲劳没有得到及时消除,将会影响之后的锻炼,以及日常生活中的精力。

(一)推迟运动性疲劳的方法

推迟运动性疲劳可以提高网球锻炼的效果。其方法是:①要坚持锻炼,保持锻炼的连贯性,从而不断提高身体素质;②合理安排锻炼或运动训练的时间、方法与强度,注意训练内容的交替,使各部位都能够得到充分的锻炼,同时又不会使某一部位负担过重,从而产生局部疲劳;③注意发展相适应的供能能力;④提高网球运动的心理素质,有利于改善疲劳时的精神意志因素;⑤合理安排膳食营养,保证体内能源储备充分。

(二)加速运动性疲劳消除的方法

1. 充足的睡眠与安静休息

在锻炼之后,保证良好的睡眠质量与充分的睡眠时间可以使身体得到很好的恢复。在感觉身体劳累时,坐下或是躺下安静休息,也可以在一定程度上消除疲劳。

2. 活动性休息

在20世纪时,生理学家就已经发现,在局部肢体疲劳之后,可通过另一部分肢体肌肉的适当活动来加速已疲劳的肌肉体力恢复,所以也被称为活动性休息或积极性休息。

3. 采用一些物理性恢复手段

可以通过按摩、光疗、电疗等加速疲劳肌肉的代谢过程,进而快速消除疲劳。除此之外,通过热水浴、吸氧、空气负离子吸入等物理手段,也可以帮助疲劳的消除。

4. 营养合理补充

在产生运动疲劳后,一定要及时补充糖和蛋白质。而耐力性运动疲劳则需要补充脂肪类食品。除此之外,维生素B_1、维生素B_2、维生素A、维生素E等也可以帮助消除疲劳,各种高能运动饮料、电解质运动饮料及一些营养滋补剂等也可以帮助体力恢复。

5. 心理调节

及时进行心理调节,使自己随时保持积极向上、乐观愉快的情绪,也有助于体力的恢复。

第七章　网球运动竞赛

第一节　网球运动竞赛裁判法

裁判员是所有大型比赛中非常重要的组成部分，是确保竞赛顺利进行以及保证比赛公平竞争的重要因素。根据《网球竞赛规则》，网球裁判员既是网球比赛的组织者，也是执法官，要对网球比赛的整个过程实行全面的控制，还要与参赛的运动员配合一致，从而保证比赛的顺利进行。所以网球裁判员是开展网球竞赛的一项主要力量。国际网协（ITF）对网球裁判员职责有以下几点规定。

一、赛事监督或裁判长的职责

裁判长是一切正式网球比赛都不可缺少的临场官员，是由主管该赛会的组织机构的全权代表，负责整个大赛的举办。国际网联将裁判长分为金牌裁判长和银牌裁判长两级，由于比赛的级别不同，所以对裁判长资格的要求也不同。国际大型比赛都要选用金牌裁判长担任，地区性或是较低级别的国际比赛就由银牌裁判长担任。在我国的国内网球比赛中，必须是中国网协批准的国家级裁判员才可以担任裁判长。在国际比赛中，不同级别的比赛，裁判设置也是不同的，有的比赛只设一名裁判长，有的则设一名监督和一名裁判长。我国国内的比赛目前仍然按照一名裁判长和若干副裁判长的模式进行。只有全国网球巡回赛才参照国际惯例，设一名监督和一名裁判长。赛事期间监督或裁判长的职责主要包括：①现场终审的仲裁人员；②在赛事开始前对裁判员进行培训；③任命裁判组长；④任命比赛的主裁判和司线员；⑤在比赛中执法情况出现问题时可以撤换主裁判，撤换、轮换或重新安排司线员以及司网裁判；⑥评估主裁判的工作表现；⑦保证场地设施符合比赛规则要求。

二、裁判组长的职责

在网球运动比赛中，裁判组长有着非常重要的作用。必须履行好自身的责任和职责，其工作职责包括：①招募称职的裁判员；②在赛前对裁判员进行培训；③准备一份本赛事所使用的所有裁判员的名单，并向ITF赛事监督或裁判长提交名单副本，还需要向国际网联提供一份副本；④制定裁判员每日的场上工作任务，然后向 ITF 赛事监督或裁判长报批；⑤主持场上裁判员的工作会议；⑥评估场上裁判员的工作表现；⑦比赛进行期间要始终在比赛现场；⑧裁判组长不得兼任赛事中主裁判或司线员，除非是特殊情况，经过了 ITF 赛事监督或裁判长批准；⑨协助 ITF 赛事监督或裁判长完成其职责；⑩所有 ITF 职业巡回赛中的裁判组长都必须熟悉手持实时计分设备和正确的使用方法。

三、主裁判的职责

主裁判要熟悉网球规则、有关赛事规则与规程以及行为准则的所有内容。要遵照国际网联的工作程序履行自己的职责。其工作要求包括：①还要做到按规定统一着装；②要知道运动员姓名的正确读音；③到场时间要比运动员早；④在比赛即将开始之前与运动员召开赛前会议；⑤要配备手持式秒表用于比赛中计时；⑥保证有充足的比赛用球，这也包括旧的备用球；⑦要对比赛中的所有事实问题做出决定；⑧要确保场上所有运动员和裁判员都能遵守比赛规则；⑨执法水平出现问题时，可以移动、轮换或替换任何司线员或司网裁判。⑩对比赛中出现的规则问题要做出第一判决，并且运动员有权向 ITF 赛事监督或裁判长上诉；⑪每分结束后都要宣报比分；⑫必要情况下，主裁判要重复司线员或司网裁判的呼报；⑬一定要按照国际网联工作程序的要求填写计分表；⑭如果司线员明显出现了误判，主裁判可以改判，但必须在错误发生后立即改判；⑮负责检查球印的工作。除土场以外，其他的场地都不能检查球印；⑯在观众干扰到比赛的情况下，主裁判可以礼貌地对观众予以提醒；⑰为球童提供适当的指引，使其在不干扰运动员的前提下协助比赛进行；⑱负责换球和决定是否换球；⑲决定球场是否适合比赛，并在换场地或推迟比赛时记录比赛的相关数据；⑳比赛结束后要向 ITF 赛事监督或裁判长提交比赛期间有关违反行为准则的行为的完整报告。

四、司线员的要求

比赛中司线员的位置是不变的。边线和中线司线员应该在端线后 6.4m 的位置；端线和发球线司线员应该在边线后 3.7m 的位置。其工作要求包括：①一定要遵照国际网联批准的程序履行自己的职责；②统一着装，避免穿着浅色的服装；③一定要准时到达所有比赛地点；④在最佳位置观察自己负责的界线；

⑤只呼报自己负责的界线，对其他界线的判罚不能发表意见；⑥底线、边线和发球中线的司线员判罚运动员的脚误；⑦无法做出判罚的时候，要及时做出未看见的手势；⑧对错误判罚要及时更正；⑨球落地时再呼报"out/fault"；⑩主裁判改判时不能发表意见，若运动员认为判罚有问题，就应该由运动员与主裁判沟通；⑪在主裁判没有注意到违反了行为准则的行为时，要立即向主裁判报告；⑫如果运动员需要去厕所或更换服装，则需要陪同运动员一起，从而确保运动员在这个间歇没有其他目的；⑬不能为运动员捡球或接、递毛巾；⑭不能与观众交谈；⑮不能为运动员鼓掌；⑯未经主裁判的允许不能离开球场。

五、司网员的职责

在网球比赛中，司网员就是坐在网柱旁的裁判人员。其职责就是在运动员发球时，手扶着球网的上缘，如果打球擦网，就呼报"net"（擦网），并将手上举。

六、拾球员的职责

（1）在运动员出现击球或发球失误之后，迅速捡起场上的球，并跑回场边。

（2）接发球员底线的拾球员将球传给网前的拾球员，网前的拾球员再把球传给发球员底线的拾球员，发球员底线的拾球员最后把球传给发球员。发球员在拿到球之后要迅速发球。

（3）负责给主裁判递送东西，并传达主裁判指令。

（4）帮运动员拿毛巾、递水，还要在运动员休息的时候为运动员撑伞。

（5）熟悉网球规则。

（6）必须熟练掌握传、接、递球的技巧，及时准确地传接球，从而保证比赛的连续性。

七、裁判、司线员及拾球员的位置图

（一）拾球员的位置图

1.6 名拾球员（图 7-1-1）

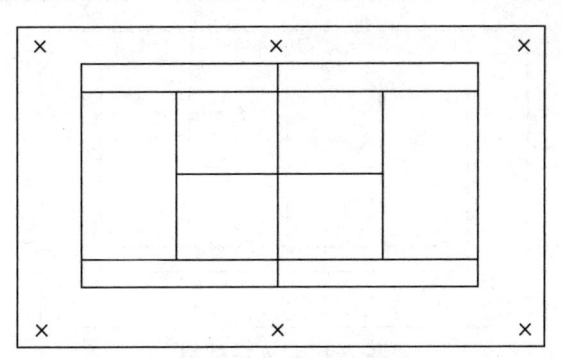

图 7-1-1　6 名拾球员

2. 3 名拾球员（图 7-1-2）

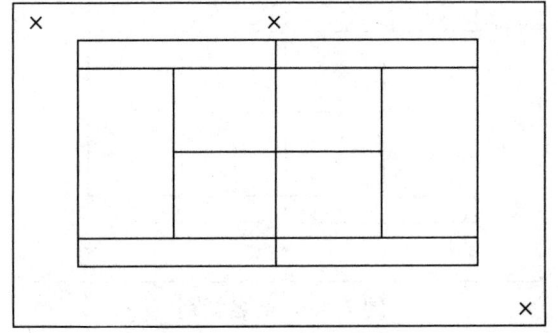

图 7-1-2　3 名拾球员

（二）裁判及司线位置图

1. 1 名裁判（主裁兼司线、司网）

2. 3 名裁判（主裁和 2 名司线）（图 7-1-3）

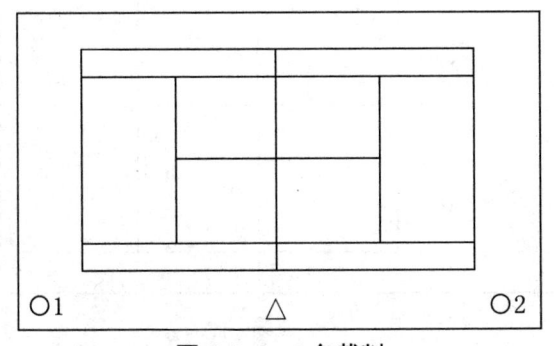

图 7-1-3　3 名裁判

3. 4 名裁判（主裁和 3 名司线）（图 7-1-4）

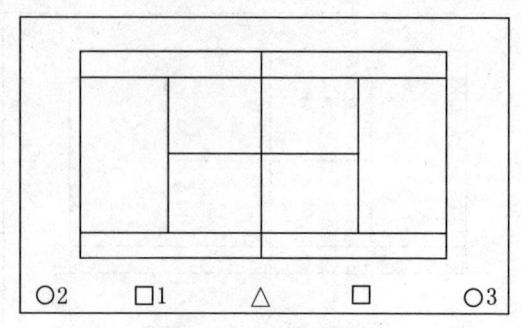

图 7-1-4　4 名裁判

4.5 名裁判（主裁和 4 名司线）（图 7-1-5）

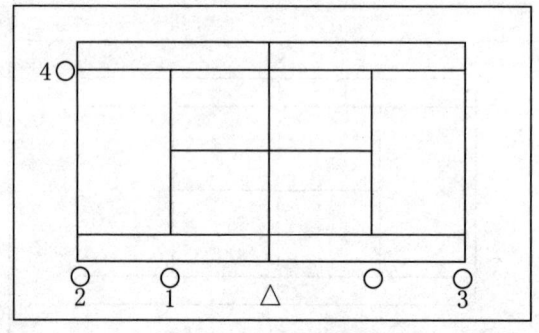

图 7-1-5　5 名裁判

5.6 名裁判（主裁和 5 名司线）（图 7-1-6）

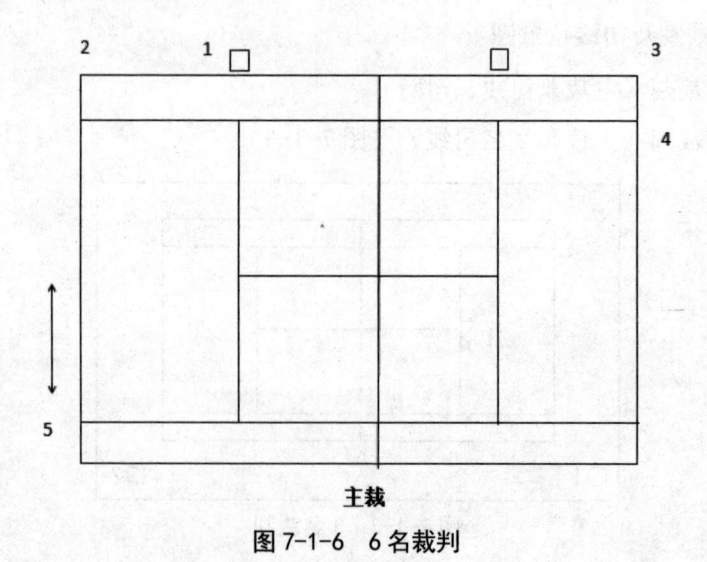

图 7-1-6　6 名裁判

6.7名裁判（主裁和6名司线）（图7-1-7）

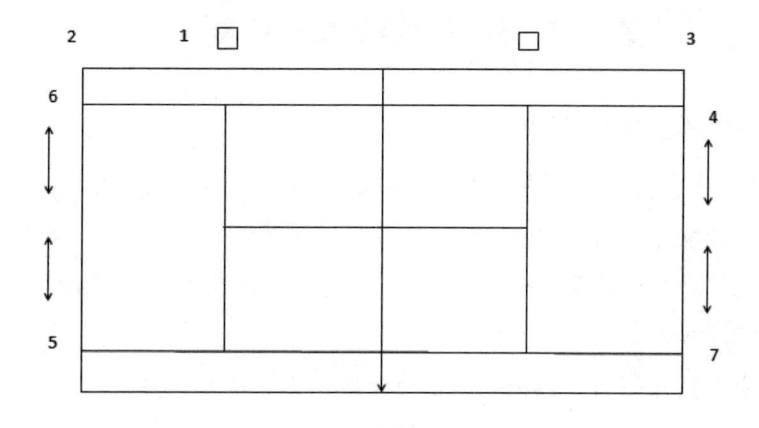

图7-1-7　7名裁判

7.8名裁判（主裁和7名司线）（图7-1-8）

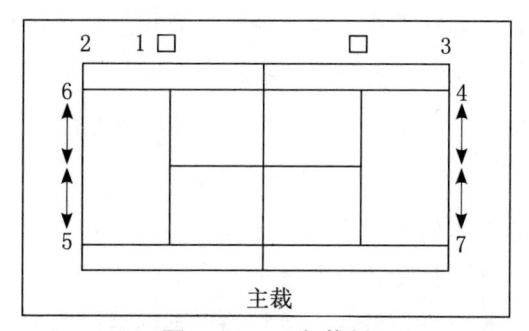

图7-1-8　8名裁判

8.12名裁判（主裁和11名司线）（图7-1-9）

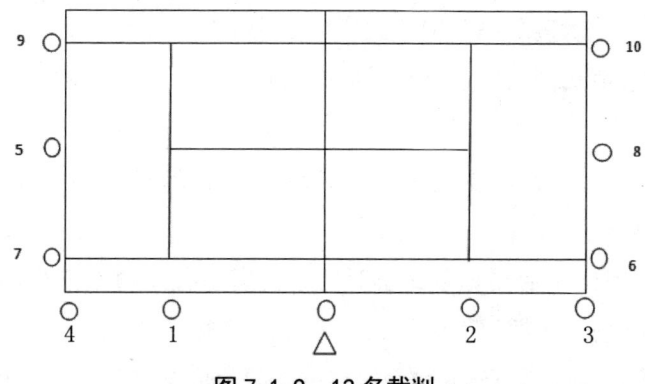

图7-1-9　12名裁判

第二节 网球竞赛裁判程序及方法

一、网球竞赛的裁判程序

（1）在接受任务之后，提前准备好会使用的用具，填写记分表上的相关内容。

（2）检查场地，测量球网高度，主持运动员挑边。

（3）坐下时上身前倾，不能交叉腿，将记分表拿在手里。在比赛开始之前，介绍双方运动员，宣布比赛开始。

（4）要做到先报分、后记分。报分时要清楚、响亮，并且记分要快。计分时用余光注视着场上情况，报分的时候要看向失分方。

（5）时刻注意场内场外的情况，一旦出现外界因素影响比赛，就要立即暂停。

（6）比赛开始前，要先确定接发球员已经做好准备，再确定发球员做好准备，并且还要保证没有外界因素干扰，在发球时还要注意发球员有没有脚误，球被击出后要一直看着球，并做出相应的判断。

（7）要在球落地后 1～3s 内做出相应判罚，并宣报出界或是做出好球的手势。如果 3s 之内未报出界，就默认为界内。

（8）硬地不需要检查球印。沙地比赛中必须在形成死球时，运动员才能提出检查球印。主裁判只有对自己的判断有怀疑时才会检查球印。

（9）要及时进行改判。如果由于裁判的误判影响运动员的比赛，就应该宣布重赛。不能在运动员提出异议之后改判，宣报比分之后也不能改判。在裁判做出正确判断前不要宣报比分。

（10）由于天气等原因影响比赛，主裁判可以宣布暂停比赛，但是必须通知裁判长，并且由裁判长决定比赛时间是否更改。在裁判长做出决定之前所有人不能离场。

（11）如果突发伤病，要及时通知裁判长，并带领医生到场。具体的暂停时间按照有关规定执行。

（12）在比赛结束后要记下比赛时间，立即从裁判椅上下来，收集好比赛用球，然后离开场地，期间不能与运动员进行交谈。

（13）要检查自己的记分表是否有遗漏，检查完毕之后再交给裁判长。

二、网球竞赛的计分法

（1）记分表要记录得整洁清楚。比赛项目、双方姓名（以及单位）、场地的号码等都要填写好。

（2）在选择好场地和发球权之后，要根据主裁判所在位置，将首发球运动员姓名的首字母写在第一局的空格中。第二局把对方运动员的姓名首字母填在第一局首发球队员的首字母下方。第三局把第一局发球方球员的方位改到另一面。第四局同第二局。之后每局比赛以此类推，交替进行。

（3）在局数总计中可以根据第一局运动员的方位，将双方运动员的首字母或单位写在格中。

（4）在比赛开始时间后面写下本盘比赛的时间。

（5）比分记在"point"下面的格中。上面是发球方的得分，下面是接发球方的得分。计分时用铅笔画记号。我国目前使用的记号是：①得分为"／"；②第一次发球失误时，将"．"画在发球方的方格内；③如果发球直接得分写"A"；④双发失误则接发球方写"D"；⑤运动员违反竞赛规则就在对方格内写"C"；⑥局数获胜总计格内要写本方获胜的累积局数；⑦换球局的位置要有明显的标志，画"——"或是"Δ"；⑧比赛结束后双方运动员要在表上签名表示对结果的认可。

第三节　网球运动竞赛规则与编排

一、网球运动竞赛的一般规则

（一）选择场区或首先发球权

在比赛之前双方通过抽签的方式决定场区或接、发球权。中签者可以优先选择，也可以要求对方选择。但是每人只能选择其中一种，如果选择了发球、接发球，则由对方选择场区；如果选择了场区，则由对方选择发球、接发球。

（二）发球员的位置

发球时，发球员应该先在右区端线后，并在中点和边线的假定延长线之间发球，不能踩线。在得一分之后，换到左区，每得、失一分就轮换一次发球位置。如果不小心站错发球位置，但是没有察觉，比分仍然有效，但发现站错位置要立即纠正。

（三）发球的规定

发出的球应从球网上越过，落到对角的对方发球区内或是周围的线上。一发球失误后，就在原地进行二发。如果两次都失误就是双误，判对方得一分。如果发球擦网出界为失误。发球擦网之后，球落在发球区内就要重发。

（四）交换场地

双方应在每盘的单数局结束后以及每盘结束双方局数之和是单数时交换场地。比如一盘结束，双方的局数之和是双数时，不用交换场地，必须等到下一盘第一局结束后再行交换。

（五）双打发球次序

每盘的第一局，可由发球队的任一队员发球；第二局由另一队的任一队员发球；第三局由前一队未发过球的队员发球；第四局由后一队未发过球的队员发球。之后各局都按照这个顺序轮换发球。

（六）双打接球次序

每盘在第一局开始时，先接球的队应规定接球的次序。在第二局开始的时候，第一局中先发球的队也要规定接球的次序。接球的次序和方法定好之后，这一盘比赛就按照这个顺序轮流接发球，中途不能更改。另一盘开始的时候，可以重新安排接发球次序。

（七）计分方法

每一场比赛都要由分数、局数和盘数来决定胜负。胜一球得一分，先得到4分胜一局。双方打成3平或是再平分的时候，需要净胜对方2分才算是胜一局。一方先胜六局为胜一盘，如果双方各胜五局平时，一方则需要净胜两局才算是胜一盘。如果采用的是短盘制，在局数6平之后，第十三局可以采用决胜局计分制。先得7分者胜该局及该盘。如果比分为6平，同样是净胜对方2分才算是胜该局该盘。

决胜局的发球要求：先发的运动球员在右区发第一分球，然后再由对方在左区发第2分球和右区发第3分球；之后开始轮流交换发球权，每人要连发两分球，先在左区发，后在右区发，直到分出胜负。在决胜局中，如果双方的得分之和是 6 分或 6 分的倍数，则交换场地。

（八）网球比赛失分的判断

（1）球两跳之后击球。

（2）击球出界。

（3）击空中球没有成功。

（4）接球时故意用球拍拖带，故意用球拍接触球超过一次。

（5）在"活球"期间运动员的身体、球拍或穿戴的其他物件触及球网、网柱或对方区内的地面。

（6）当球尚未过网时就在空中还击。

（7）运动员的身体或穿戴的物件触球。

（8）将球拍扔出击球。

（9）运动员故意改变球拍的形状。

（10）发球员发球两次失误。

二、常见类型网球的竞赛规则

（一）轮椅网球

轮椅网球就是利用轮椅代替双腿进行跑动，如果对轮椅的适应能力不好，驱动不灵活，造成移动速度慢等情况，就很难打好网球。练习者在比赛时需要用双手同时驱动轮椅，需要经常锻炼用持拍手的大鱼际处驱动操纵圈，多次练习快速起动、急转弯变向跑动、"之"字形跑等各种方向短距离的跑动。

1. 轮椅网球运动员参赛资格

轮椅运动的参赛者必须要有医学诊断，证明其是永久性运动功能的残疾。主要包括以下四种情况。

（1）一侧或双下肢的功能障碍者，必须是骶 1 脊髓损伤并有功能障碍，髋、膝关节僵硬或关节固定及人工关节置换，跖趾关节截肢等类似上述情况的下肢残疾。

（2）一侧或双上肢的功能障碍者，必须是颈 8 脊髓损伤，并有功能障碍，上肢截肢，上肢短肢或畸形，上肢肌肉病变等类似情况的上肢残疾。

（3）与上肢或躯干无关的残疾。不能连续协调地完成在头上方击球的动作，不能连续协调地完成前后击球的动作,不能用手动方法完成轮椅的驱动,在比赛过程中自主持拍的能力差。

2. 轮椅网球规则

(1)允许来球两跳后再将球击回,来球的第一落点必须在场内,第二次弹跳后可落在场地外。

(2)在发球的一瞬间,发球选手必须是静止的状态,并且击球之前只允许推动一次轮椅。

(3)发球时,轮椅的任意一个轮子必须在端线后,并处于中线和边线延长线之间的区域内,而另一个轮子则可以超过端线或中线。

(4)如果发球员在发球时故意利用下肢协助保持平衡或是制动,则会被判为发球失分。

(5)如果由于残疾原因不能按规定发球,则可以允许一人协助,为其把球抛到地上。

(6)由于轮椅在比赛中充当了选手身体的一部分,所以比赛时球触到轮椅也会被判失分。

(7)击球时要保证臀部与轮椅充分接触,反之即为失分。

(8)有些分级卡会注明可用脚驱动轮椅,但是当摆动身体准备击到球和发球姿势开始到球拍击打到球的时候是不允许脚接触地面的,否则判为失分。

(9)当轮椅选手与健全人选手配对双打时,两人分别按自己的规则进行比赛。

(10)残疾程度严重到无法使用轮椅的选手,在比赛中可以使用电动轮椅,并且可以一直使用。

(二)短式网球

20世纪70年代后期,瑞典出现了短式网球,这时世界网球运动已经进入高速发展时期,而短式网球则是在这一时期针对儿童身心发育的特点和负荷能力,遵循网球原理创造出来的儿童网球运动。短式网球具有普通网球中的全部内涵,其训练方式非常适合5岁以上儿童的生理、心理特点,是一种可以对儿童进行网球启蒙训练的方法和手段,也是儿童通过训练和正规网球接轨的必经之路。如果儿童接受了短式网球训练,就可以在比较短的时间内迅速掌握规范的网球技能,并且形成网球意识,了解并使用各种战术。

短式网球的使用，克服并纠正了儿童成人化训练所带来的种种弊端。由于短式网球的场地比较小，使用器材也很简单，便于儿童掌握，并且投资也比较少，所以深受广大家长、儿童、教练的喜爱。1990 年，国际草地网球协会最先正式认可并接纳了短式网球运动为发展规划项目。五年后，国际网球联合会于 1995 年正式决定并颁发了短式网球推广计划，并且公开认为短式网球是儿童网球训练最理想的方法。

由于短式网球具有场地小、网球大而轻、飞行速度比较慢等特点，所以短式网球运动除了适合儿童以外，还适合老人、脚步移动慢的下肢功能障碍者，以及能够站立移动的患者等。除此之外，还可以进行轮椅的短式网球练习。

短式网球的发球规则与羽毛球相同，都要落在接发球区内。一发失误后可二发；每一方连发两次球，一次在左半区，一次在右半区；在球第一次落地后接球才算得分，采用 11 分制。在进行康复训练时，尤其是脚步移动较慢的人，可以在球两跳之后击球。

（三）软式网球

软式网球产生于日本，经过百余年的发展，软式网球逐渐规定了独有的器具和竞赛规则，并且形成了一套独特的技战术体系。软式网球所使用的球是一种橡胶球，在使用过程中需要充气，并对气压也有要求，从 1.5m 高处落下后，球需要反弹 50～80cm。软式网球规定，球的直径是 66mm，重量是 28～31g。软式网球的球拍比常规的网球拍小，重量也相对较轻，但材料和常规网球拍几乎一样，大多使用的都是钛合金，但与常规网球拍相比，软式网球的球拍要便宜很多。

软式网球的记分规则与常规网球也不太一样。单打比赛是 7 局 4 胜，每局 4 分。如果出现 3:3 平，则与常规网球的"平分"相同，必须胜 2 分才算取胜；如果局分战成 3 平，则第 7 局就要像常规网球比赛一样进行"抢 7"。双打比赛是 9 局 5 胜制，每局 4 分。局分战成了 4 平之后，第 9 局进行"抢 7"。软式网球比赛时间比常规网球要短，所以队员需要很快进入比赛状态，因此这项运动对队员的心理承受能力要求也比较高。

1. 软式网球运动员应该遵守的事项

（1）比赛的时候，只能使用一个球拍。

（2）在场上一切遵照裁判员的指示。

（3）比赛要连续进行，不能故意中断。在交换场地和进入决胜局的时候，两局之间的时间不能超过一分钟。

（4）按照软式网球的规则规定，运动员在比赛中应竭尽全力。

（5）不能大声喧哗或是发出使对方不愉快的声音。

（6）所有运动员和裁判员都要互相尊敬。

2. 软式网球裁判员应具备的素质

（1）精通比赛规则，比赛中熟练运用比赛规则。

（2）除特殊规定外，都应该穿大会规定的裁判服、佩戴白色手套。

（3）裁判员在比赛时还应遵守下列事项。①做好比赛前的准备工作，督促运动员及时出场；②行为举止要大方得体；③要保证比赛进行得圆满、顺利；④对比赛中的结果判定要及时且公正；⑤宣判时要使用正规用语和手势，并且表达要清楚、准确；⑥各裁判员之间要默契配合；⑦不能侵犯其他裁判负责的权限。

（四）视觉障碍人网球

视觉障碍人网球是日本一家肢体障碍人再活中心发起的一项能够让视觉障碍人进行相互把球打飞过球网的一项球类运动。这项运动在国际上掀起了巨大的热潮。视觉障碍人网球所使用的球是直径9cm的软球，球中放入4颗小金属粒，在运动时发出声响，使视觉障碍人可以听出球的位置。他们用的球拍是短式网球的专用拍或儿童专用的硬式球拍。视觉障碍人网球到目前为止还没有制定明确的规则。2015年，王璇对视觉障碍人网球的规则总结如下。

1. 发球

发球要斜着打过去，第一次从自己的正手区打到对方的正手区；下一次发球从自己的反手区打到对方的反手区。和常规网球相同，也有二发，如果二发失败则交换发球方。

2. 接球

要站在端线的位置内，根据发球者的位置，将球击回。

3. 组别划分

根据视力程度，将参与人员分为B1、B2、B3和开放式四个组别。B1等级的选手需要戴眼罩。B2 以下的低视力组则需要根据视觉障碍的程度再细致地划分组别。

三、规程的制定

竞赛规程是网球比赛中的指导性文件，其中包括竞赛日期、地点、项目、参赛单位、参赛人数、年龄规定、报名办法、竞赛规则、比赛办法、录取名次、计分方法、裁判员及其他有关特殊规定等各种内容。制定规程的过程中一定要对各项内容进行精心的设计与确定，不仅需要考虑比赛的目的和要求，还要考虑运动员的具体情况，避免给运动员造成太大的压力。比赛的时间与场次安排要尽量考虑周末或者节假日，方便观众到现场观看比赛，尤其是半决赛和决赛，要尽量安排在周六或周日。

抽签后，再安排具体的比赛场地、时间、场次等。在制定赛程表的时候，要考虑到运动员的参赛负担以及先单打后双打的原则。前几轮比赛中，确保比赛连贯，一场比赛结束后，紧接着进行下一场比赛。而进入半决赛之后，就要采用限定比赛时间的方法进行安排，给运动员充分的休息时间，进而更好地投入到比赛中，同时还可以为观众和电视台转播提供准确的比赛时间，方便观众观看比赛。

四、网球比赛常用编排方法

除了戴维斯杯、联合会杯等几个团体赛事之外，网球比赛基本上都是以个人形式参加的单项赛。如果现有场地不能满足运动员的数量，同时又需要尽快决出冠亚军时，就会采用单淘汰制。

（一）单淘汰制

单淘汰制也就是在比赛中失败一次就直接被淘汰出局，这种赛制更能激起运动员的求胜欲。这种比赛方法一般只在参赛球员多、场地少、时间短的情况下才会采用。其不足之处就是每个球员参赛的场次过少，获胜的偶然性大，所以不是很合理。

单淘汰制是将参赛选手（队）编成一定的比赛程序，并与相邻的选手（队）进行比赛，获得胜利之后晋级下一轮比赛，失败将被淘汰。

1. 轮空位安排

参加比赛的运动员人数是 2、4、8、16、32 等 2 的乘方时，可以分别按相应的人数进行比赛，但如果不是2的乘方，在第一轮比赛中将会有选手轮空，然后直接进入第二轮。一般都会将种子选手安放在轮空位置，如果没有种子选手则通过抽签决定。如果轮空数是单数，就要在上半区多放一个轮空位置。

2. 种子确定及安排

为了使高水平选手在比赛中不会过早相遇，就要将排名靠前的选手设为种子选手，然后排入不同的区内，进而增加比赛的合理性。

3. 非种子的号码位置与抽签

抽签的时候要先抽种子选手，确定种子选手的位置，注明哪些是轮空位置，然后再进行非种子选手的抽签。非种子运动员的姓名凭借抽签顺序，填入剩下的空位。经过抽签之后，如果不小心出现同一国家、同一地区或者同一个队的运动员被抽到同一个1/4区时，竞赛委员会可以将同单位第二名运动员换到下一个1/4区相同或有关的位置上。

4. 轮数及场数的计算

轮数是参赛队（人）为2的几次方，就是几轮。如果有16人，则是2的4次方，也就是有4轮。如果有17人则为5轮（第一轮只进行一场球）。一般标准的网球赛事都会选用单淘汰制，每进行一场（一轮）比赛后，就只剩下一半的选手继续参加下一场。如果参加"大满贯"赛事能够打入第七轮，那就是两人进入最后的对决。比赛场数是参赛的人数减1，若只有16支球队比赛，那么比赛的场数就是15。

（二）单循环制

单循环制就是每个参加队（人）之间都要进行比赛，最终通过积分决定排名。一般报名队（人）数少、场地多、日期长的情况下，使用此法。这种赛制的特点是：选手参加的比赛多，而且结果没有偶然性，比较合理。所有对手都出场比一次则为"一轮"，且每轮的次数都是相同的。

1. 轮数和比赛场数的计算

（1）轮数计算

当队（人）数是双数的时候，轮数就是在队（人）数的基础上减1。

当队（人）数是单数的时候，轮数就是队（人）数。

(2) 比赛场数的计算

比赛场数 =$N(N-1)/2$（N 代表 0 队数或人数）

计算轮数和比赛场数，主要是为了方便比赛的组织者在筹备比赛时，能够估算出比赛大概需要几天时间以及需要多少裁判员。

2. 比赛顺序的确定

一般会使用逆时针转轮法，也就是 1 号固定不动，第一轮是把参赛队（人）数前一半由上至下安排在左侧，再把后一半由下至上安排在右侧，然后对应的号就是第一轮的对手。第二轮时 1 号固定不动，其他号码按照逆时针旋转一位，各自产生新的对手，之后每一轮都按照这个方法轮换。

假如有 8 个队参加，比赛顺序如下：

第一轮 第二轮 第三轮 第四轮 第五轮 第六轮 第七轮
1-8 1-7 1-6 1-5 1-4 1-3 1-2
2-7 8-6 7-5 6-4 5-3 4-2 3-8
3-6 2-5 8-4 7-3 6-2 5-8 4-7
4-5 3-4 2-3 8-2 7-8 6-7 5-6

如果只有 7 个队，就把 8 换成 0，也就是与其对阵的队（人）该轮空转。

3. 名次确定

单循环排名是以团队胜场数为基准，胜场数相同的情况下，以团队胜负关系决定。除此之外，再出现三者，以及三者以上的胜场数都相同的情况下，以以下标准来进行评判。

（1）该队（人）在本次比赛中获胜盘占全部比赛的百分比。

（2）该队（人）在本次比赛中获胜局占全部比赛的百分比。

（3）该队（人）在本次比赛中获胜分占全部比赛的百分比。

（4）进行抽签。

第四节　网球运动比赛战略与准则

网球比赛的战术就是比赛中以获胜为目的，根据比赛的规则以及运动员自身掌握的运动规律和技术、技巧，针对现场环境采取的有目的、有组织的行动。

在网球比赛中，如果双方的技术水平相差不大时，就要看哪一方能够更好地运用灵巧的战术，发挥出自己的特长、优势，掌握场上的主动权，给对方造成心理压力，这样才能够取得比赛的胜利。所以，每个运动员都要充分了解自己的技术特点、身体素质、比赛经验等情况，进而选择更适合自己的战术。在场上要根据不同的情况变化，灵活多变，不能只是单一地使用一个战术，应通过优势技术和灵活的战术取得比赛的胜利。

要根据目的不同来制定不同的网球比赛战术。如果主要想提高自身技术，就要掌握最基本的打法，在练习时就要有意识地按照技术理论的要求进行，然后将训练时的打法运用在比赛中，从而达到提升技术的目的。如果是以获得胜利为目的，在选择战术时就要考虑到自身掌握的技术水平以及比赛时的心理素质，只有充分了解自己，才能够制定出适合自己，并且能够帮助自己取胜的比赛战术。如果不够了解自己，制定的战术没有避开自己的弱点，则很难取得比赛的胜利。所以，在制定战术之前一定要明确自己的目标，进而采取不同的准备，只有明确了目标，才能够有条不紊地进行接下来的比赛。

一、单打比赛的策略

（一）以己之长攻彼之短

如果想在比赛中取得胜利，就要将自己的优势发挥出来，擅长哪种打法就使用哪种打法，掌握比赛的主动权，等待对方出现失误，为自己创造机会。但是，也不能抱有速战速决的心理，因为这种想法会在无形中给自己带来压力，即使出现正常的失误也会很心急。取得比赛的胜利往往需要很长一段时间，这不只是双方技战术之间的较量也是技术上的较量，还是双方心理素质的较量。充分发挥自己的打法，将自己擅长的技术施展出来，就会觉得轻松，最终也更容易取得比赛的胜利。不一定每场比赛的对手都那么容易被攻破，尤其是遇到技术比自己高的对手，即使运用了自己擅长的打法也不见得有成效，这个时候就要转变战术攻打对方的弱点，以己之长攻彼之短。比赛时要经常观察对手的情况，尽快找到其弱点，有针对性地进行攻击，最终取得胜利。

（二）把球打深

在网球比赛中，运动员们都要遵循把球打深的原则。一般高水平选手会把球打在离对方底线界内 60～100cm 的区域，一直把对方压制在底线后面。这种打法的好处有：①使自己有充分的时间准备回击；②不给对手上网的机会；③减小了对手回球的角度。

（三）稳扎稳打、伺机反攻

在比赛中，并不能保证自己每时每刻都占据上风，所以难免也会出现弱点被对手发现，进而受到攻击，这时，就要采取稳扎稳打的办法，尽量把球安全地击过网，并争取打向对方底线。一定不能想着搏一次，或是给对方致命的一击而采用自己控制不好的击球方式。即使是对方一直攻击自己的弱点时也要有耐心，在自己的能力范围内化解危机，尽量把球回击到离对方较远的位置，进而为自己下一次回击争取时间，或是起到改变对方打法的作用，等待出现机会球。有时如果对方攻打弱点的想法一直得不到成果时，对方的心里也会变得焦虑急躁，这时对方更容易出现失误，进而使自己反击成功。

（四）争取主动先发制人

在比赛中只要有机会就要先发挥出自己的特长，占据场上的主动权，比如自己的网前截击比较好，就要结合发球上网战术，迅速发球上网，不给对方缓和的机会。

（五）领先时，应乘胜追击，扩大战果

如果比分领先于对手，就要乘胜追击，扩大比分。千万不能认为自己胜券在握，放松警惕，避免出现不必要的失误。如果落后于对手，也不能放弃，要按照领先时的打法和节奏给对手施压，争取扳回比分。

（六）顽强的斗志，钢铁般的意志力

在比赛中，一定要做到不到最后一刻决不放弃，对每一分都要抱有希望，即使是处于劣势也要每分必争。在很多网球比赛中都会有被逆转的比赛，所以一定要有顽强的斗志坚持到最后。

二、双打比赛的策略

在业余网球比赛中，双打比赛是其中的主要项目，它更具有社交性，而且对运动员体力的要求也不是很高，所以受到很多网球爱好者的喜爱。在掌握网球的基本技术之后，如果想打好双打就需要注意双打比赛的战术。

（一）确定站位

在双打比赛中，一般会让技术比较好、比较全面的人站在左半区。之后再考虑两人左右手的问题，例如：同伴左手持拍，就由他打左边；如果有人右手正手技术特别好，就由他打右边；也可以让反手技术突出的人打左边；如果两人实力悬殊，则打得好的队员打左边；两人实力差不多，且正反手不相上下，则是技术较为全面的人打左边。

（二）发球好的队员先发球

要让发球好的队员先发球，尽量保证一发进区，如果不小心一发失误，就要在二发的时候加上旋转，避免双误。发球的时候一定要有明确的目的，应该以对方的反拍为攻击目标。但是也不能一味地攻击一个位置，偶尔也要向其正拍发球，以干扰对方的思路和预判。

（三）接发球的策略

双打接发球基本上是打斜线球为主，但是对方网前的对手有抢位截击接发球的想法时，可以打直线球。如果想在对方发球局成功破发可以采取以下几种方式：①向发球者脚下打，尽可能把球打深，随球抢网，准备进行网前截击，要争取主动得分。②在对方发球威力过大，自己不容易主动进攻的时候，可以对着其同伴的头上挑高球；③如果对自己挑高球的技术没有把握，可以两人都留在底线，也把对手牵制在底线，在双方底线对峙的过程中寻找机会突破，这种时候一定要有耐心，避免失误。④在多次向发球者回击时，发球者会形成固定的接球习惯，这时出其不意地打直线会起到攻其不备的效果。但是在接发球时一定要注意隐蔽动作。

三、根据自然环境制定战术

由于网球比赛基本都是在室外进行的，所以天气情况对网球比赛的影响很大。面对不同的天气情况，也要不断更换相应的战术。

（一）风向

如果位于顺风一侧，就要控制发力，一旦发力过猛就很有可能出界，这时在击球时可以加入旋转。同时，在顺风区可以采用上网打发，会受风的影响小一些，并且对手位于逆风一侧，回球速度慢更有利于网前截击。也可以不追求速战速决，而是和对方在底线僵持，由于对方需要付出更多的力量对抗逆风，所以顺风一侧依然掌握主动权。

如果位于逆风一次，就可以全力击球，不用担心出界。如果对手上网，就将球挑的又高又深，由于逆风的原因。球一定会落在场内。随后在对手跑回去接球时上网截击得分。

（二）阳光

一般的网球场都应该是按照南北朝向修建的，所以在比赛的时候总有一方运动员是朝着太阳的，而正对太阳的运动员在发球时，应该轻微地改变一下自己的发球站位，或者在抛球的时候略低于正常的抛球高度。如果可以挑边，就应该尽可能选择正对太阳的一边接发球，这样在发球时就可以背对太阳。

（三）气温

由于盛夏气温高，体力消耗大，所以在比赛中极大地考验了队员的心理和意志。这个时候双方都会觉得很热，所以要将对手充分调动起来，消耗其体力，增加自己获胜的概率。冬天天气寒冷，一定要充分做好准备活动，避免身体僵硬。也可以在挑边的时候选择接发球，使身体活跃起来后，保证发球局的质量。

四、运动员比赛行为准则

在一项赛事开展前，主裁判员应弄清该比赛的行为准则并提出要求。虽然每个赛制会制定不同的行为准则，只是细节上会有所不同，但是其宗旨是一致的，"维护公平合理的运动员行为标准"。这些准则在任何情况下都是帮助裁判员顺利控制比赛的有力工具。

但凡运动员做出违反准则的举动，主裁判员应当运用准则进行处理。

（一）服装要求

运动员的穿着应该具有专业仪表，保证服装整洁、规范。不能穿体操短裤上场，而且商业及制造标志要符合赛事要求，另外，在双打比赛中，搭档应同穿着底色相同的服装。

（二）无故拖延

网球比赛应当连续不间断。如果一方超过了规定的时间20s、90s、120s等要根据行为准则做出相应处罚。例如，在主裁判员发出"继续比赛"的指令之后拒绝比赛；自然状态下的体力不支；因伤治疗的时间之后，仍然不能比赛，将被视为拖延比赛；在其他情况下超出 20s 或 90s，都将被视为违反时间准则，并且受到处罚。

（三）场外指导及教练

除团体赛外，任何网球比赛都不可以接受场外指导。主裁判员可以在确定其接受场外指导之后，判其违反规则，并处罚。

（四）可听到的猥亵语言

运动员在比赛时不能使用猥亵语言，如果这些污秽的语言被主裁判员、观众、司线员或球童清楚听到将会被判违反规则。

（五）可见的猥亵行为

运动员不能用手、球拍、球或其他器具做出任何下流动作及行为。

（六）乱击（球）

运动员不能粗暴或愤怒地乱击、乱踢或乱扔网球。如将球扔出场外；在场内出现冒失的举动或可能造成危险的举动；一切不计后果的举动。

（七）摔球拍或其他器具

在比赛中不能因为愤怒或是尴尬（用球拍）砸球网、场地、主裁判员座或场上其他固定物，不能蓄意或粗暴地毁坏或损坏球拍及其他器具。

（八）出语伤人

运动员不应对其对手、裁判员或观众等出语伤人。

（九）身体伤害

运动员不能对其对手、裁判员或是其他的任何人进行身体伤害。

（十）与运动员身份不符的行为

运动员的表现在任何时刻都应与其身份相符，不能出现任何损害、玷污运动（体育）风尚的不良举止。但是这一项不包括其他准则的内容。

五、四级处罚制

在职业网球比赛中会实行四级处罚制：

第一次违反规则——警告。

第二次违反规则——罚分。

第三次违反规则——罚一局。

第四次违反规则——取消比赛资格。

六、如何宣报违反行为准则

如果有人违反行为准则，宣报的时候使用正确的措辞非常重要。例如：

第一次："由于×××先生／小姐乱击球，已经违反了行为准则，给予警告一次。"

第二次："由于×××先生／小姐使用了猥亵语言，已经违反了行为准则，给予罚分处罚。"

第三次："由于×××先生／小姐摔拍子，已经违反了行为准则，罚一局。"

第四次："由于×××先生／小姐朝司线方向吐痰，已经违反了行为准则，取消其比赛资格。"

在运用第四次的措辞时要非常慎重，并且是裁判长认为这名运动员的行为非常严重。如果运动员在第一次就出现了极其恶劣的行为，只要裁判长能够同意，也能立即取消比赛的资格。应该在记分表上正确地记录违反行为准则的情况，还要确保对每项违反准则的记录都是客观、细致、确切的描述。

第八章　网球运动礼仪

第一节　体育礼仪

一、体育礼仪

礼仪在我们的日常生活中是必不可少的，它有助于人与人之间的沟通与交流。一个人的体态、仪表、言谈、举止可以反映出其内在的素质、修养以及精神面貌，是社会中大家相互了解和交往的一项重要依据。在不同的场合，我们的行为举止不仅仅代表个人形象，它还会影响一个城市，甚至一个国家、一个民族的形象与荣誉。在体育比赛中，礼仪就是不同队伍、队员之间相互尊重、和谐、友好的行为规范。运动员应该做到熟悉并遵守各项体育礼仪，在进行民族项目的时候也要尊重其民族习俗，面对世界其他国家时，也要尊重不同国家的日常习惯、宗教信仰等，不断提高自身素质，培养礼仪观念。

（一）基本功能

1. 教育功能

体育礼仪是在比赛的基础上追求公平与竞争，是参与体育运动的人增加自主意识与竞争意识，能够指导人们培养责任心、传播体育的规范性，在遵守规章制度的同时促进社会稳定、民族团结，使人与人之间的关系和谐、友善、亲密，互帮互助、团结有爱。

2. 规范行为功能

体育礼仪是对道德的补充与完善，是一系列的社会行为规范，会强有力地约束人们的行为活动。体育礼仪要求在体育赛事中运动员需要服从裁判的判罚和管理，遵守规则、规定，并且要求裁判员要秉公执法，严格遵循"严肃、认真、公正、准确"的判罚方针，还要求现场观众不能影响比赛顺利进行等。这些要求对体育行为的参与人员都做出了一定的约束和规范。

3. 协调人际关系功能

体育活动中，可以通过体育礼仪行为协调人际关系，改善陌生人之间的关系，还能够使彼此相互了解，成为朋友、伙伴、搭档。除此之外，如果遵守体育礼仪中的互敬、平等、真诚相待的思想，也一定会得到他人的尊重和信任。人们在心理得到平衡的时候，理顺各种人机关系，消除人与人之间的障碍，避免矛盾的产生。

4. 塑造形象功能

体育礼仪对个人形象和团队形象的塑造起到很大作用。好的形象是人际交往的门面与窗口，所以运用适当的礼仪不仅能保证自尊和他尊，还能够提高自信心和愉悦感。在体育活动中，任何事情都要讲究礼仪，如语言礼仪，会使人变得文明；行为礼仪，会使人变得文雅。

5. 支撑秩序功能

体育赛事都是按照一定的程序展开的，并且每一个程序都有其固定的仪式和具体的礼仪。其中礼仪在整个过程中起着非常重要的作用，它连接着程序中的每个环节，使整个活动可以顺利的完成。如果没有体育礼仪的连接，整个体育赛事就没有办法正常、顺利地进行。

（二）主要特点

1. 民族性与地域性

很多类似的民族或地域相近的地区都会有类似的体育礼仪，如古代东亚地区的日本、朝鲜等国的武道礼仪就类似于中国的"射礼"。

2. 时代性与发展性

体育礼仪在不同时期也有着其独特的时代特征，如古希腊运动会上，运动员都是赤身裸体地参加比赛，而在当今世界的体育赛事中是绝对不会出现的。因此，随着社会的不断进步与发展，体育礼仪也随之发展。

3. 独立性与依附性

体育礼仪的发展和变化经常会滞后或超前于体育文化、礼仪文化的变化。如依附于古希腊灵异文化的古奥运会礼仪，在现在的奥运会中还能够看到其部分踪迹。

4. 统一性与多样性

体育礼仪也是一种礼仪文化，它像礼仪文化一样具有统一性。例如，中国传统武术比赛中多使用抱拳礼，它的多样性则是像西方拳击运动员会使用拥抱、碰拳套等方式当作见面礼。

5. 精神性与物质性

体育礼仪具有浓厚的文化性与精神性，能够表现出体育竞赛中的人文关怀。这种人文关怀将体育运动的精神性与物质性高度结合起来。

二、体育观赏

体育观赏是体育迷们通过现场观看比赛或通过电视收看等途径，表达对某项运动项目、某位运动员或运动队的兴趣、喜爱与支持，进而满足自己内心精神需要的一种体育娱乐休闲活动。

体育观赏中有很多美的方面，它包括体育的整体美、含蓄美、拼搏意志美、形式美等。其中拼搏意志美最能体现出民族积极向上的精神，而形式美则是体育美的重要体现。

人体也讲究形态美，其主要表现为自然或正常的体态，包括正常的身体发育、丰满的肌肉、自然协调的动作、正常的行动姿态等。体育活动会使人们形成健壮匀称的体格和端正的健美姿势。体育可以提高人体的各种能力，使人体的动作既实用又美观。在体育运动中，美有各种不同的表现形式，因此给人的审美感受也是大不相同的。也正是因为体育可以给予人们如此多的审美体验，所以也就有更多的人愿意去了解体育、观赏体育并参与体育。

第二节 体育观赛礼仪

观众在运动竞赛观赛的过程中也应遵循一定的行为准则和规范。运动竞赛中，观众是赛事的旁观者和参与者，因此他们的言行举止对赛场上选手的表现也有着重要的影响。如果现场观众具有良好的体育观赛礼仪，就会为参赛选手提供一个良好的比赛环境，并且激发选手的斗志；反之，则亦然。礼仪根据适用对象和范围的不同主要分为行业礼仪和交往礼仪。而体育赛事的观赛礼仪则属于行业礼仪，是礼仪在体育赛事观赛过程中的具体运用，也是礼仪的一种特殊形式。

一、体育观赛礼仪的基本内容

（一）观赛基本礼仪

观众在现场观赛要遵守的基本规范就是观赛基本礼仪。著名的礼仪顾问石咏琦在《奥运礼仪》中提出了观赛礼仪的7项基本要求，分别是观众要准时入场、管制饮料、注意服装仪态、禁用闪光灯、将手机调成振动、给予运动员热情鼓励、肃静地起立结束。而杜琳在《观赛礼仪——一块观众席上的金牌》中将观赛基本礼仪概括为9项，包括携带物品、观赛着装仪态、了解比赛规则、尊重裁判员和运动员、保持赛场卫生、严禁吸烟、手机调成振动、尊敬各国国旗和勿带婴儿进入赛场。

（二）各类项目观赛礼仪

各种运动竞赛项目都有其独特的竞赛规则和特点，也正是由于这些项目有着不同特点和规则的限制，才能够使众多的竞赛项目都经久不衰地存在于体育的大家庭中，并且使观众得到不同的观赛体验。在观看体育比赛时，除了要遵守观赛基本礼仪之外，还要了解不同竞赛项目的特点，遵守不同项目比赛的观赛礼仪。

体育竞赛可以给人类带来的情感体验是其他事物所不能代替的，观众从欣赏的角度获得体育中的美感，往往较运动员自身更加强烈、集中和高级，所以观赛也是一种审美活动。由于运动竞赛中的各类竞赛项目的比赛规则、竞赛方式等都有所不同，所以也就决定了观赛礼仪的不同。但各类竞赛项目的观赛礼仪也有一定的相似性，甚至有的类别的竞赛项目所要求的观赛礼仪都较为一致。根据对不同项目观赛礼仪的总结，大概可以将其分为四个标准：①对"声"变化的要求，也就是现场观众的掌声和呐喊声等；②对"光"变化的要求，着重指拍照时的闪光灯；③对"动"变化的要求，即观众在看台上随意走动；④一些其他的特殊要求。

二、体育观赛礼仪的要求

（一）准时、有序地入场

如果决定去现场观看比赛，就一定要做到准时入场，或适当提前入场，以免影响比赛进程和其他观众的观赛体验。为了保证准时到场，一定要提前安排好自己的行程、路线以及适合的交通工具,提前出门。在到达比赛场地之后,一定要遵守现场秩序,听从工作人员的指挥,不要急于入场,以免出现拥挤、插队等不文明行为,或发生安全事故。

在进入赛场时必须要接受安全检查,这主要是为了保证运动员和现场观众的人身安全,以及维持良好的赛场秩序。所以,观众应自觉配合工作人员的安检工作。不携带各类违禁品或危险品进入比赛场地,除了要严格要求自己外,还有责任和义务监督其他观众的不法行为,并及时进行提醒和举报。

在进入比赛场地后,要及时找到自己的座位,对号入座,不能私自占用他人的座位。可以在比赛开始之前征得他人同意调换座位。如果进场时比赛已经开始,就要就近找到空位置坐下,避免影响其他观众观看比赛,等到暂停或休息时再寻找自己的座位。如斯诺克的比赛,会要求进场后关闭手机,但如果确实有重要的事,可以将手机调至静音或震动,避免影响赛场秩序。

(二) 文明观赛

在比赛进行的过程中、赛事的开闭幕式、颁奖仪式等重要的场合,观众一定要注意自己的行为举止。在颁奖仪式上,都会有隆重的升国旗、奏国歌仪式。国旗象征着一个国家的尊严,我们应该对各国国旗都心存敬仰。升国旗、奏国歌的仪式,不仅仅是对获胜运动员的表彰,也给予了其所在国最高的荣誉,此时,运动员的心中都会涌现出强烈的民族自豪感和爱国的情感。如果升起的是本国的国旗,观众应起立,面向国旗,肃立致敬,不能嬉笑打闹或是随意走动。如果是其他国家的国旗,也应像尊重本国的国旗一样行注目礼。升旗仪式的过程中,现场所有的人都要在原地肃立,不能来回走动,更不能东张西望、嬉闹打闹或是吃东西。即使是在场内各处忙碌的工作人员也应立即停下手中的工作,站在原地,等待升旗结束。升旗仪式的过程中,只有做到每一个人都不讲话、不笑、不出声响,才可以保证升旗仪式的严肃性。这种庄严肃穆的场面,会使在场的每个人都受到内心的震撼。

运动员入场的时候、比赛结束运动员向观众致意的时候、举行颁奖仪式的时候,都是允许观众拍照留念的。并且在赛场上,可以拍到运动员优美的动作,也是一件让人兴奋的事情，但是在拍照的过程中绝不能影响运动员的正常发挥。有些比赛即使允许观众拍照，也会提示观众关闭闪光灯，因为闪光灯会吸引运动员的视线，严重影响运动员在比赛时的判断。

在观看比赛时，最常用的鼓励方式就是鼓掌喝彩。当运动员做出精彩的表现、创造出优异的成绩或是运动员失利、失误的时候，观众都应该予以热烈的掌声，但是千万不能出现大声喧哗、吹口哨、怪声尖叫、喝倒彩、扔东西等不文明行为。观众要掌握好时机，适时地为运动员助威喝彩，如果在运动员需要集中注意完成高难度动作等情况时，观众需要保持安静，避免影响运动员发挥，干扰比赛的正常进行。

（三）尊重裁判

裁判员也是比赛中的一个重要角色，有时裁判员会比运动员更加辛苦。如果对裁判员的判罚不满意，也要平和对待，不能随意发泄内心的不满，更不能辱骂、攻击裁判，也不能使用不文明的方式抗议。裁判员是根据比赛规则维持比赛公平公正的准绳，而不是顺应观众进行主观判罚。

（四）尊重运动员

要理性看待运动员的成败，赛场上输赢都很正常，不会有人一直赢，也不会有人一直输。我们要给予胜利者掌声和喝彩，同时还要给失利者予以鼓励，感谢他们为我们奉献了一场精彩绝伦的比赛。

（五）举止文明地观看比赛

要遵守公共场所的礼仪。不在比赛场地抽烟，不吃带声响的食物，爱护现场公共设施，不踩踏座椅，不乱写乱画，不在赛场进餐。比赛进行时，不大声喧哗打闹，不乱走动，不向场内扔杂物等。

（六）遇突发事件时应保持镇静

如果在比赛中突然停电，应坐在自己的座位，不随便走动，保持赛场安静。如果手中持有小手电或是荧光棒的观众，可以用来照亮，一定不能使用打火机、火柴等明火照明。如果宣布比赛延期，就要听从现场工作人员指挥，借助应急灯，按照安全出口指示灯的指示有序退场。观看足球、篮球、排球等大型比赛时，如果发生球迷骚乱，周围的人群处于混乱状态，应及时选择安全地点停留，保证自己不会被挤伤；不能在看台上跑动，应迅速、有序地向自己所在看台的安全出口疏散；远离围栏、栏杆，避免因栏杆挤断而掉下看台；不要拥挤或翻越栏杆，避免造成人员伤亡；在疏散时，要注意礼让，保护老人、儿童、妇女等弱势群体。

（七）观众退场礼仪

要等到比赛完全结束后再退场。有时由于比赛双方实力悬殊，会在比赛中途就知道结局已定，有些观众就会选择提前退场。有时临近比赛结束，正赶上吃饭时间或末班车，也会有观众选择提前退场。这些行为虽然都有情可原，但是却对运动员非常不尊重。如果选择在现场观看比赛就尽量把比赛看完。真是有紧急的事需要离开，则可以在不打扰他人的情况下，悄悄离场。

比赛结束的时候，观众要起立，并向双方运动员鼓掌致意，这既是对场上运动员的尊重，也是对他们表现的一种肯定。退场的时候，要按照座位的顺序依次退场，从最近的出口退场或是顺着人流的方向行进，还要主动将饮料杯、矿泉水瓶、果皮、纸屑等杂物带到场外，保持场地干净、整洁。

第三节 网球比赛礼仪

网球、高尔夫球、保龄球、桌球被并称为世界"四大绅士运动"，它们都有着深厚的文化底蕴，我们可以从这四项运动中感受到一种别样的优雅与和谐。但网球场同样也是竞技场，也具备和其他比赛一样的激烈争斗，所以，这就要求球员和观众在比赛现场要表现出良好的行为素养和发自内心的友善态度。

一、球员应遵循的礼仪

（1）球员在比赛前练球热身的过程中，有义务为对方的练习提供一定的帮助，有意妨碍对方练习等做法都是不礼貌、有失风度的。

（2）如果对手打出了自己很难击出的得分球时，应为对手的好球拍手叫好。即使是心存不甘，也要表现出自己的绅士风度，用手掌轻拍球拍，表达出为对手高兴的一面。

（3）不能用脚踢网球，除非是为了调节场上气氛的善意之举。

（4）在球场上不能摔球拍，即使再生气、再懊恼也不应拿球拍出气。

（5）如果对手频频出现失误，也不要喜形于色，这样会令对方很不高兴。

（6）在打出一记幸运球（luck ball）而得分后，不要过于兴奋。如球在擦网之后，改变了方向和速度，不规则地落在对方场内，或是不小心把球扣在拍框上，但是球的落点却很好，使对方无法接住此球等，要先说对不起；或是像职业选手那样，将球拍面向对手表示歉意。

（7）在正式比赛中，要采用上手发球的姿势，虽然没有禁止下手发球，但这被认为是一种不尊重对手的行为。

（8）比赛中要遵从裁判的判罚，如果对判罚结果有异议，可以在比赛结束之后向仲裁委员会提起申诉。

（9）比赛结束的时候，可以将比赛用球抛送给现场观众，但是不能扔网球拍，避免砸伤观众。比赛结束之后，无论胜负都要主动和裁判员及对手握手。

二、观赛礼仪

积极配合赛场的安检工作，不携带硬包装饮料进入球场，电视、收音机、电脑等电子通信设备不能带入球场，不能带婴儿观赛，因为婴儿的声音无法控制，会影响到选手的发挥。除此之外，美国网球公开赛也会限制照相机和摄像机。

在网球比赛中，单数局时双方球员要换边，并且进行短暂的休息，但是第一局结束后球员只进行换边，没有休息的时间，所以，这个时间一般是不允许外场观众进场的。在1、3、5、7等单数局或是一盘结束之后，要进场的观众能够在引导员的帮助下进场，但一定要尽快入座。如果没有及时找到自己的位置比赛就已经开始，应该就近找到空位置坐下，在球员换边的时候再找自己的座位。

如果选手在比赛时不小心把球打到观众席上，观众应该及时将球退回。每场比赛的换球次数也有明确规定，一般都是在单数局换球。高水平选手比赛中，每个球的弹性以及和地面摩擦后掉毛的情况都是不一样的，球的重量和回弹高度在高手眼中是有很大区别的，所以在高手对决的比赛中选手会严格按照比赛规定换球。如果观众没有及时退还球，比赛会因此中断。一直到观众将球退还或是一直等到换球的时间。

第四节 网球比赛运动员着装

一、关于男子比赛服装的规定

（一）商标

1. 上衣（有领）、毛衣、外套

（1）袖子：比赛服的每只袖子可以有一个产品商标（非生产商名称），并且大小不能超过19.5cm²。除此之外，每只袖子上还可以有一个生产商标的图形，例如"√"或"P"，大小不超过13cm²。

（2）在前面、后背以及袖口的位置，总共只能有2个标准商标图形，大小不能超过12.9cm²或一个大小不超过19.35cm²的标准商标图形。

2. 短裤

短裤上可以有2个大小不超过12.9cm²的标准商标图形，或是1个大小不超过19.35cm²的标准商标图形。

3. 袜子与鞋

在袜子和鞋上也可以有标准的商标图形。每只袜子上的商标图形大小不能超过12.9cm²。

4. 球拍

球拍上可以有标准的商标图形。

5. 帽子、发带或护腕

帽子、发带或是护腕上可以有1个没有文字的商标图形，并且尺寸不能超过13cm²。

6. 拍包、毛巾或其他器材

如果拍包、毛巾或其他器材上有标准商标图形，则要求每只拍包可以有2个分开的，大小不超过26cm²的商标名称。

（二）非接受的服装

非接受的服装包括毛背心、健身短裤、西服衬衫、圆领衫或是其他不适合参加比赛的服装。这些服装在赛前热身时也不允许穿着。

（三）更换／粘贴

如果有选手违反以上规定，主裁判有权要求他立即更换服装、器材，并且不能仅用胶布粘贴或遮盖。如果不按照主裁判的要求去做，就会被立即取消比赛资格。比赛时，裁判长或监督也有权做出这个要求。

二、关于女子比赛服装的规定

（一）商标

1. 上衣、毛衣、外套

（1）袖子：比赛服的每只袖子可以有一个产品商标（非生产商名称），并且大小不能超过 $19.5cm^2$。除此之外，每只袖子上还可以有一个生产商标的图形，例如"√"或"P"，大小不超过 $13cm^2$。

（2）前面：比赛服装前面允许有 2 个大小不超过 $13cm^2$ 的标准商标图形；或是 2 个大小不超过 $19cm^2$ 的标准商标图形。

（3）无袖：如果穿着的是一件无袖的服装，可以将 2 个大小不超过 $13cm^2$ 的标准商标图形放在服装的前面。

（4）比赛服装的背部和领子上不允许有商标图形。

2. 裙子和短裤

裙子和短裤上只能有 2 个大小不超过 $13cm^2$ 的标准商标图形。如果穿的是紧身短裤，则裙子和紧身短裤上只能各有 1 个大小不超过 $13cm^2$ 的标准商标图形。

3. 袜子与鞋

袜子与鞋也可以有标准商标图形。并且每只袜子上的商标图形大小不能超过 $13cm^2$。

4. 球拍

球拍只能有一个标准的商标图形在拍弦上。

5. 帽子、发带或护腕

帽子、发带或是护腕上可以有 1 个没有文字的商标图形，但是大小不能超过 13cm²。

6. 拍包、毛巾或其他器材

拍包、毛巾或其他器材上可以有标准商标图形，每只拍包上还可以有 2 个分开的，大小不超过 26cm² 的商标名称。

（二）非接受的服装

非接受的服装包括毛背心、健身短裤、西服衬衫、圆领衫或是其他不适合参加比赛的服装。这些服装在赛前热身时也不允许穿着。

（三）更换／粘贴

如果有选手违反以上规定，主裁判有权要求其立即更换服装、器材，并且不能仅用胶布粘贴或遮盖。如果不按照主裁判的要求去做，就会被立即取消比赛资格。比赛时，裁判长或监督也有权做出这个要求。

参考文献

[1] 周海雄，祁兵等．网球技战术训练手册［M］．北京：人民体育出版社，2007．

[2] 《网球》杂志．网球技术精解全书［M］．北京：人民体育出版社，2004．

[3] 国家体育总局职业技能鉴定指导中心．网球［M］．北京：高等教育出版社，2011．

[4] 王予彬，王人卫，陈佩杰．运动创伤学［M］．2版．北京：人民军医出版社，2011．

[5] 江捍平，王大平，肖德明．运动项目及相关损伤［M］．长沙：湖南科学技术出版社，2011．

[6] 王保金．实用网球裁判方法手册［M］．西安：西安交通大学出版社，2013．

[7] 胡小明．体育美学［M］．成都：四川教育出版社，1987．

[8] 李国东．网球健身法［M］．北京：北京体育大学出版社，2004．

[9] 中国网球协会．中国网球协会CTA短式网球教材［M］．北京：光明日报出版社，2000．

[10] 国家体育总局群众体育司．社会体育指导员技术等级培训教材（国家级）［M］．北京：高等教育出版社，2012．

[11] 国家体育总局群众体育司．社会体育指导员技术等级培训教材（二级）［M］．北京：高等教育出版社，2003．

[12] 朱智贤．心理学大辞典［M］．北京：北京师范大学出版社，1989．

[13] 田麦久，武福全．运动训练科学化探索［M］．北京：人民体育出版社，1988．

[14] 杨锡让．实用体育生理［M］．北京：北京体育学院出版，1986．

[15] 潘晟，王全法，翁彦康．如何欣赏高水平网球比赛［J］．苏州大学学报（工

科版），2002（6）.

[16] 过家兴，等. 运动训练学 [M]. 北京：北京体育学院出版社，1991.

[17] 体育运动学校《田径》教材编写组. 田径 [M]. 北京：人民体育出版社，1990.

[18] 南仲喜，王林. 身体素质训练指导全书 [M]. 北京：北京体育大学出版社，2003.

[19] 李志勇. 运动训练学 [M]. 济南：山东大学出版社，2001.

[20] 金宁. 文体疗法学 [M]. 北京：华夏出版社，2012.04.

[21] 李志平，于海强. 网球入门、提高训练与实战 [M]. 北京：化学工业出版社，2016.03.

[22] 杨锡让，实用运动技能学 [M]. 北京：高等教育出版社，2004.

[23] 郎朝春. 健康体适能与运动处方 [M]. 北京：北京理工大学出版社，2013.

[24] 易春燕. 中国网球运动发展研究 [M]. 郑州：河南大学出版社，2014.09.

[25] 孟春雷，黄建军，洪家云. 时尚网球运动技法解析 [M]. 长春：东北师范大学出版社. 2011.12.

[26] 郭立亚，李桂林. 网球 [M]. 重庆：西南大学出版社，2013.08.

[27] 殷剑巍，万建斌，黄姗. 网球裁判法解析 [M]. 北京：人民体育出版社，2015.04.

[28] 中国网球协会审定编. 网球竞赛规则 [M]. 北京：人民体育出版社，2013.09.

[29] 郭晓宵. 运用体操教学发展7～12岁儿童动作协调能力的实验研究 [J]. 西安体育学院学报，1997（3）.

[30] 赵佳. 核心区力量及其训练研究进展 [J]. 天津体育学院学报，2009，24（3）：218-220.

[31] 王玉华. 青少年儿童协调能力的训练方法 [J]. 教育教学论坛，2010（1）：

119-120.

[32] 张秀云．拉伸练习对提高我国优秀赛艇运动员柔韧素质和专项运动成绩的研究[J]．北京体育大学学报，2008，31（7）：908-912.

[33] 李文娟，卢健．核心稳定性及其在运动中的作用[J]．浙江体育科学，2008，30（3）：119-122.

[34] 高辉，李景莉．运动员协调能力的发展途径[J]．体育学刊，2004，11（6）：112-115.

[35] 李景莉．运动员协调能力的竞技价值之探讨[J]．中国体育科技，2003，39（12）：7-9.

[36] 黄晓林．肌肉痉挛的机制及治疗方法[J]．科学大众（科学教育），2008（2）．（1-2）：25-61.

[37] 翁志强，李景莉，对运动协调归属问题的探析[J]．上海体育学院学报，2004，28（2）：80-83.

[38] 董德龙，王卫星，梁建平．振动、核心及功能性力量训练的认识[J]．北京体育大学学报，2010（5）：105-109.

[39] 田凤芩，胡振东．网球运动对健康体适能的影响综述[J]．淮北师范大学学报（自然科学版），2013，34（4）：85-89

[40] 田麦久．协调能力的训练方法[J]．中国学校体育，1993（2）：45-46.

[41] 许崇高，严波涛，动作协调能力属性及其相关定义的理论思考[J]．西安体育学院学报，1999.16（3）：33-36.

[42] 初立光．对动作"协调性"实质的分析[J]．河北体育学院学报，2004，18（2）：81-82.

[43] 郑亚绒．球类运动中协调能力与灵敏性关系的分析[J]．西安文理学院学报（自然科学版），2003，18（3）：68-69.

[44] 马渝．网球运动对促进老年生理、心理健康的调查分析[J]．军事体育学报，2003，22（4）：18-20

[45] 李贵庆，杨继美．艺术体操运动员的核心力量训练[C]．第十四届全国

运动生物力学学术交流大会论文集，2010.

[46] 吴星亮. 跆拳道步法灵敏及训练手段设计的研究 [D]. 北京：北京体育大学，2008.

[47] 邓磊. 重剑运动员"弓步刺"动作协调性的非线性动力学特征研究 [D]. 上海：上海体育学院，2010.